蒙氏经典认证 欧美精英范本

蒙台梭利全面育儿教典

100堂亲子沟通课

[法]娜达莉·博耶－查尔斯　弗拉维·奥什罗/著
[法]伊莎贝拉·尼科尔　克里斯托夫·佩诺/图
陈晓洁/译

长江出版传媒 | 长江文艺出版社

目录

目 录

序

不可缺席的“蒙台梭利教育”

华夏蒙台梭利教育发展协会理事长 吴梅雀（台湾）

人类因为拥有记忆、想象、学习、分析、推理、判断及创造能力，成为万物之灵。但也会因为情绪波动及人格异常，做出不理性行为。长久以来，我们重视对下一代儿童的知识传授及智能发展，对他们的情绪管理和健全人格培养却相对忽视，以至于工业革命以后，科学技术虽然突飞猛进，人类的犯罪、自杀、心理疾病、种族冲突等问题却日趋严重。在诸多复杂因素中，青年人和成年人缺乏情绪管理能力，或许是颇为主要的一种。

生活中的挫折事件，会导致情绪波动及生理变化，使个体经常处于紧张和焦虑的状态。在承受重大压力的同时，倘若内心强度低，缺乏社会支持，认知形态又有偏差，就无法采取积极有效的对策来解决问题，进而产生不良适应现象，甚至出现身体功能异常或心理疾病。

蒙台梭利教育哲学所对应解决的，正是此类情绪管理问题，从早期教育介入，建构正常的人格发展。其“混龄教育”理念相当于将教室作为一个小小的社会化场合，帮助儿童从小学会处理友伴关系，积极解决问题，不逃避，不拖延。目标是培养一个“好人缘”的孩子。

自幼接受“蒙氏教育”的孩子，在以下方面会有明显突出的表现：

1. 了解自己的情绪：能立刻察觉自己的情绪、了解产生情绪的原因。如实把握自己对他人或某些决策的感觉，才能掌控自己的生活。

2. 控制自己的情绪：能够安抚自己，摆脱强烈的焦虑、忧虑。也就是能够控制刺激情绪的根源。

3. 激励自己：能够整顿情绪，让自己朝一定的目标努力，提升创造力。

4. 维系圆融的人际关系：能够理解他人，针对他人的情绪做出恰当的反应，维持良好的关系。这也是培养“领导力”的基础，成为一个耳聪目明的孩子。

这些情商方面的优长，不仅能够让孩子的智商得到更充分的发挥，也是他面对生活波折的动力，对个人健康、情感生活，乃至全面的工作发展及人际关系都非常关键。

不仅儿童需要“蒙台梭利教育”的启蒙，成年人亦需要“蒙台梭利教育”的修复。它似乎是颗万灵丹，无论心理或生理疾患，都有迅速对症的效用。它帮助每个失和的生命找回内在的秩序，为人们重新点燃灵魂的圣火，让人们看到自己内心的宝石：坚定、整洁、承诺、同情、信心、体贴、合作、勇气、礼貌、创造性、超然、决心、勤奋、热情、忠实、适应性、宽恕、慷慨、温柔、帮助、诚实、荣誉、谦虚、理想、正直。

每个人都在生命的路途中承担着多元角色，想要扮演得恰到好处，真不容易。倘若我们能够将“蒙台梭利教育法则”融入生命，为自己提升生命能量，为孩子奠定广阔深厚的生命基石，终将看到它至美至善的启迪，和至深至远的影响。

慷慨地给予孩子用心、耐心和爱心吧，每个孩子都会向着最为适当的方向成长，激发出令人惊叹的天赋与潜能。

引言

宝宝一天天长大

宝宝的感官在母腹中就已经逐渐形成。胎宝宝用身体触碰妈妈的子宫壁，用小手拉扯脐带，吮吸自己的手指，并且还会吞食羊水，品尝羊水的味道。胎宝宝不仅能够听到妈妈身体的声音（心跳、肠蠕动），还能够听到妈妈的话语和外界的喧闹。胎儿时期，唯独视觉得到的锻炼机会相对较少。母腹中的感官体验为胎宝宝与妈妈以及外部世界的交流开辟了最初的渠道。

所以在出生的一刻，婴儿就已经具备感知能力，能够自然而然地与外界建立联系。嗅觉与味觉密不可分，这两种感官是新生婴儿认识妈妈的最主要途径。新生婴儿的听觉集中体现在对人声的兴趣——如果大人跟宝宝说话，他会变得格外兴奋。视觉方面，婴儿最喜欢看人脸。而触觉感知则要通过与宝宝的身体接触和抚触按摩来锻炼。

每个宝宝都具有健康成长的潜能。想要充分发掘宝宝的潜能，首要前提是为宝宝提供足够的安全感。作为家长，不但要充分相信宝宝的能力，同时也要相信自己抚育宝宝的能力，学会运用自己的常识，听从自己的直觉，耐心地观察宝宝，聆听他们的诉求并及时做出回应。多花些心思为宝宝创造舒适的环境，想问题、做事情的时候要从宝宝的认知水平出发。这样，宝宝就会按照自己的节奏一步步成长，慢慢塑造出自己的性格。

与人沟通和发现世界的欲望不但可以促使宝宝形成自我意识，而且可以激发和锻炼宝宝的各种能力。随着神经系统的不断发育和完善，宝宝的本领会越学越多、越学越快。

- 3个月的时候，宝宝能够很好地抬头。
- 宝宝学会了把手放在眼前，双手偶然间触碰在一起，于是渐渐地认识了自己的身体。
- 3至4个月的时候，宝宝能够抓握手边的东西了。
- 宝宝4个月的时候学会了翻身，6至8个月的时候，就会从俯卧位翻回到平躺姿势。
- 宝宝8个月的时候开始学习爬，到了9个月基本就会往前爬了。同一时期，宝宝还学会了独坐。
- 宝宝的抓握动作变得越来越精准，交流和游戏时开始使用手势，“再见”“鼓掌”“藏猫猫”已经不在话下。
- 10个月的时候，宝宝开始扶着支撑物学习站立，并且可以在不碰伤自己的情况下重新坐回地上。

12至18个月，宝宝先是扶着桌子迈步，然后尝试放开支撑物蹒跚，接着就要独立行走了。

之后，宝宝会不断磨炼自己的本领：从不需要成人搀扶到适应各种路况，从能够控制速度到边走边跳，最后再到跑。3岁的时候，幼儿就已大致掌握所有的基本运动技能了：坐、翻、爬、走、跳、跑。

观察宝宝能力发展的进程会发现：年龄只是发展的影响因素之一。每个孩子都有自己的节奏、自己的风格，他们的潜能早已存在，您所要做的就是给他们鼓励和支持，让潜能释放、强化。

如果您在育儿过程中遇到什么疑问或者烦恼，别担心，儿科医生、儿童保健师、神经系统专家都可以为您提供帮助。假使孩子确实遇到了困难，某项技能学得晚了、慢了，不管什么原因，都请您记牢这句话：孩子的潜能已经具备，学习只是一个激发潜能的过程，每个孩子都有自己进步、成长、与人沟通、认识世界的本能。

这本书可以作为您育儿的参考读物。当您和孩子交流、游戏的时候，请根据孩子的特点选择其中的某些小游戏、小建议。

祝您阅读愉快！

宝宝的小手会“说话”

在宝宝真正学会说话之前，有一种沟通方式是生动而有效的，就是肢体语言。

您会发现，当您面对新生婴儿微笑或是嚅动嘴唇的时候，新生儿就已经开始表现出模仿的意愿。慢慢地，随着肌肉的发育，尤其是上肢、双手和手指灵活度的增强，婴儿学会了抓、握和指点。此外，婴儿观察能力和记忆能力也在不断地发展，所以您会惊奇地发现，某天当您模仿某种动物的步态或叫声时，您的宝宝竟然也会学着您的样子去做。当您为宝宝边做手势边唱儿歌的时候，他会因为您手指的舞蹈而变得异常兴奋。

最初的肢体语言

8到9个月的时候，宝宝可以和着您唱的《小星星》转动他的手腕，如果您又做出其他动作，宝宝也会试着去模仿。

当宝宝学会自己鼓掌、亲吻、挥动小手表示“再见”的时候，您一定会感到无比骄傲。接着，宝宝又学会了把食指放在嘴唇上说“嘘”，闭上双眼把头埋进臂弯说“睡觉”，摸着肚子说“吃饱了”……宝宝几乎是在没有人刻意去教他的情况下，就学会了点头说“是”，摇头说“不”，还会用手指出问题的答案。您也无须刻意学习什么，仅凭直觉和本能，就懂得如何用声音和肢体动作去吸引宝宝的注意力，让宝宝和您一起分享交流的乐趣。

增进沟通的肢体语言

想要与宝宝更好地交流和沟通，仅仅使用上面提到的手势还远远不够，所以作者从自己多年的教学和育儿经验中，选取了100个简单又常用的手势。在它们的辅助下，即使没有语言，您也可以尽早进入宝宝的世界。

请注意，和宝宝交流的手势，不需要把每句话的每个字都比画出来，只要选取话语中意义最清晰的关键词，通过双手的动作表达出来就可以了。例如在下面几句话中，蓝色的部分即为关键词：

宝宝想吃/喝吗？

吃苹果还是点心？

还想吃对吗？

不吃了？

宝宝不舒服吗？

快，该洗澡了！

我们要换尿布了！

噢，快看，有一只小狗！

猫猫去哪儿了？

宝宝需要帮助吗？

宝宝害怕了吗？

如何做手势？

其实在和宝宝游戏、唱歌、对话的时候，您已经不自觉地使用了不少手势，宝宝的“词汇量”也在不断增加。这对您与宝宝间的亲子交流极有帮助。

宝宝按照自己的节奏观察您的一举一动，然后一边无意识地重复您的话语，一边笨拙地模仿您的动作。接着，他就会随着您的话语做出相应的手势动作，直到能自如地使用这些手势来表达。

宝宝会通过手势，告诉您他的需求，告诉您他看到了什么、听到了什么、想到了什么。如果宝宝的“语言”在肢体辅助下能够很快被大人理解，他就会备受鼓舞，随之建立起自信，越来越乐于与他人交流。

手势让您和孩子更加心有灵犀

使用手势的时候，我们的语速会不自觉地放慢，音调会不自觉地放低，眼神交流也会随之增多，彼此会更加关注对方的表达。所以，请多使用一些肢体语言，多观察孩子的表情动作，注意寻找孩子的兴趣点，发现他喜欢看什么、听什么、摸什么、闻什么、做什么……您也能准确地找到令孩子激动或烦躁的触点。您会发现孩子的智力增长恰恰就体现在他与周围事物建立联系的过程之中。

孩子感到自己被理解的同时，家长也会倍感自信。沟通的障碍被消除以后，一切都将朝着良性的方向发展！

在与孩子的交流中，请试着经常使用手势。肢体动作、耐心再加上您对孩子的爱，相信您和孩子会惊奇地发现彼此之间原来是如此心有灵犀。

基本手势

有些手势的使用频率非常高，比如接下来将要向您介绍的这8个动作。先拿它们来给手指做做热身吧。

值得指出的是，这些“国际通用”的手势虽然得到了广泛的认可，您在与宝宝的日常交流中却不必照本宣科，完全可以将“规范动作”加以适当简化。

比如：在规范化的表达中，反义词一般会使用相反的动作。“爱”是手掌自胸前向上方滑动（见22页），而“不爱”则是手掌自胸前向下方滑动。但我们在和宝宝讲话时，用晃动食指或者摇头的方式表达“不”就可以了。

其实很多手势动作都有演化和变形，所以当您在本书中发现某些意义相近的词语却有不同的手势表达时，大可不必惊讶或怀疑。

祝您阅读愉快！

蓝色的词语在书中有相应的图解。图中黑色部分表示起始动作，灰色部分表示结束动作。

图解前方如有小图，应当先做小图内动作，如果后方有小图，则应当后做小图内动作。

标有星号（*）的词语没有图解，其手势动作在文旁配有相应的文字描述。

基本手语

爱

再一次

完

我爱你

这个手势由I、L、Y三个字母组成，为“我爱你”的国际通用手势。

谢谢

请

哪儿

一样的

日常活动

日常生活为我们提供了许许多多使用手势动作的机会，请不要错过！

当我们学会某些手势动作之后，就可以在为宝宝讲述周围事物的同时运用起来。下面便是几个例子，蓝色部分为句子的关键词，可以用手势辅助表达。

发布指令：走，咱们散步去！

动作完成：宝宝在跳舞呢！跳得可真高！

和宝宝同时关注到某件事情：宝宝听到了吗？没错，那是汽车！看这些鱼儿多漂亮呀！嗯，是爸爸的味道！这苹果真好吃！

引起宝宝的注意：宝宝看到了没有？那里有一朵小花儿！小心，烫！

细心、耐心，尽可能多地使用手势，与宝宝分享所思所想。别着急，总有一天宝宝也会学着您的样子借助手势动作来表达。

用餐

吃

喝

吃奶

水

奶

果汁

果泥

酸奶

面包

奶油

蛋糕

巧克力

草莓

苹果

香蕉

梨

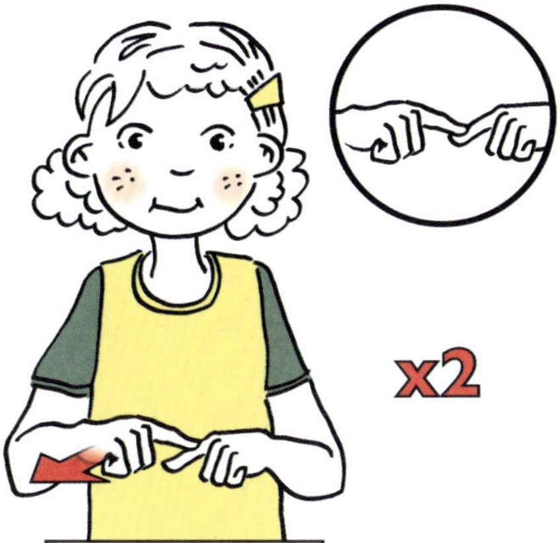

胡萝卜

沙拉

既可以指生菜也可以指沙拉

西红柿

奶酪

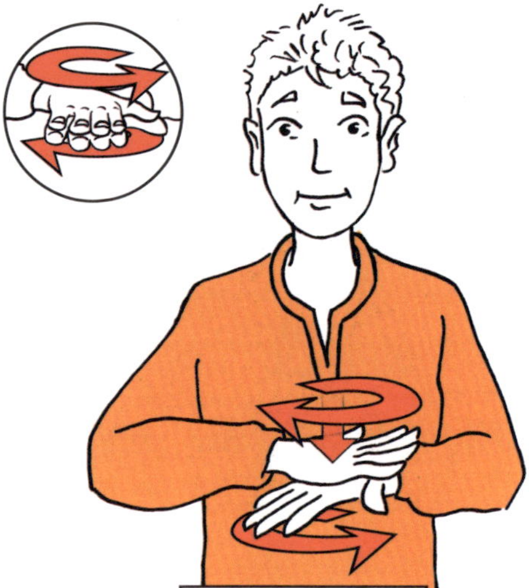

蔬菜泥

面

米

肉

1

开饭啦！

吃饭可以为孩子提供各种各样探索和学习的机会。您家的小小开拓者会拿着食物不停地搅动、揉捏，把它们送到嘴边闻一闻、尝一尝，不喜欢的话就又扔又吐。他们会把食物的颜色和味道当作玩具，餐桌的桌布、餐具掉地的声响，甚至倒水的声音都足以引起他们的极大兴趣。您的孩子正是在这样的过程中调动了所有感官，迅速地学习着各种本领！所以，请把用餐时间看作一场为孩子准备的既愉悦又激发创造力的约会吧！

为孩子准备的食物要尽可能有趣又诱人：您可以把食物摆成一个人脸造型，用鸡蛋做眼睛，用胡萝卜丝做头发，用一片西红柿做嘴巴，然后把蔬菜切成条做牙齿，还可以在您的作品上点缀几粒葡萄干或滴上几滴酱汁。小宝宝，用餐愉快哦！

2

上桌

宝宝吃饭的时候，您可以为他哼唱一首佐餐的歌谣，比如下面的这首《木屋里的小宝贝》，让宝宝吃得更开心。

宝贝坐在木屋里，
用手指房间
（宝宝的名字）想要吃饭饭，
吃什么？苹果泥！

噢嘞噢嘞噢，真好吃！
嘟嘟吧啦吧啦，真好吃！
噢嘞噢嘞噢，真好吃呀真好吃！
宝贝坐在木屋里，
（宝宝的名字）想要吃饭饭，
吃什么？面包夹奶酪！
宝贝坐在木屋里，
（宝宝的名字）是个小馋猫*，
一口喝下他的巧克力。

馋猫：手掌摊开放平，然后用食指轻敲两次喉咙。

3

家的味道

借用儿歌《我的爸爸要去电影院》的旋律。

我的爸爸，他爱吃巧克力，
我的妈妈，她不爱吃巧克力。
我的弟弟，他爱吃土豆*泥，
我的妹妹，她爱吃黄油土豆。

我爱我的家，
也爱我的小伙伴。
我爱我的阿姨*，
更爱我的奶瓶*。

我的叔叔爱吃好吃的，
我的婶婶最会做披萨。

摸摸肚子

我的爷爷爱吃米饭，
我的奶奶爱吃面条。

做面条的手势。

土豆：拇指和食指弯曲成C形，表示削皮器，另一只手握拳，表示土豆，做削土豆的动作。

阿姨：一只手臂弯曲置于胸前，另一只手手指并拢，轻拍其上臂，表示轻拍怀中的宝宝。

奶瓶：自然握拳，拇指伸开表示奶嘴，拇指轻触嘴唇，做吮吸的动作。

游戏、阅读、探索

玩耍

汽车

如果要表示“卡车”，则应把双手适当放低，因为卡车的方向盘相较于轿车要低一些。

飞机

自行车

球

鼓起腮帮，调整双手间距，示意球的大小。

布娃娃

书

故事

唱歌

跳跃

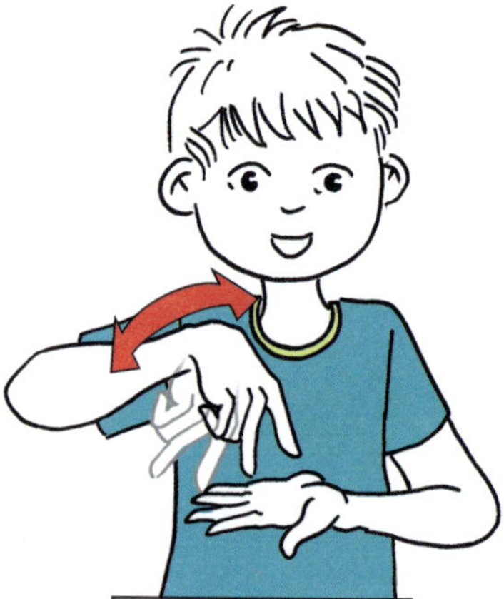

跳舞

散步

4

游戏歌谣

借用歌曲《我的家乡西班牙》的旋律，我们可以改编出一首既便于做手势又便于玩游戏的歌谣。每段段首歌词保持不变，后面逐渐添加新内容和新动作。

我要玩游戏，哦哩哦！（重复）
我像这样扔皮球。（重复）

我要玩游戏，哦哩哦！（重复）
我像这样摇娃娃。（重复）
我像这样扔皮球。（重复）

我要玩游戏，哦哩哦！（重复）
我像这样开汽车。（重复）
我像这样摇娃娃。（重复）
我像这样扔皮球。（重复）

仿照前三段的样子逐渐加入：

我像这样开飞机。（重复）
我像这样跳呀跳。（重复）
我像这样走呀走。（重复）
我像这样唱呀唱。（重复）
我像这样骑呀骑。（重复）
我像这样读呀读。（重复）
我像这样听故事。（重复）

5

五根小指头

五根小指头在家待烦*了，他们想要出门去旅行*。于是：

大拇指坐上一辆大卡车，

一只手握住另一只手的拇指

食指坐上一架大飞机，

食指左右晃一晃

中指坐上一辆小轿车，

中指前后晃一晃

无名指骑上一辆自行车，

无名指向前轻轻点动

小指走路去旅行。

小指向前轻轻点动

*烦：露出“无聊”的表情，叹气的同时双手贴脸，指跟上下轻蹭脸颊，表示无所事事。

*旅行：五指自然弯曲，双臂自胸前向外打开，同时摊开双手。

6

旅途等待

旅途中，在火车站或机场的等候时间对于一个小孩子来说，会显得格外漫长难熬，所以一定要随身准备一些便于携带、易于保存的小零食，比如水果干和瓶装饮料，来转移孩子的注意力。其实不光是吃东西，去趟卫生间或者到处走一走也同样能起到消磨时光、缓解焦虑、让孩子重新打起精神的作用。

下面将要为您介绍几个适合在旅行等候期间陪孩子玩耍的小游戏。

- 气球：气球不但便于携带，而且有很多种玩法，可以用来投掷，用来拍打，用来吹，用来制造各种声响……
- 本子和铅笔：画画，涂鸦，描绘手掌轮廓然后再上色，折纸飞机甚至撕纸都是不错的主意。
- 猜词游戏：猜词游戏不仅可以让宝宝认识新单词，了解近义词、反义词，还能够锻炼孩子运用肢体语言和声音描述事物的能力。

“谁不见了？”：这个游戏不需要特殊道具，不论在哪儿，只要利用手边的东西就能玩，并且可以演变出不少新花样。例如：

“宝宝，看看谁藏起来了？”选择手边的两三件东西（尿布、点心、水杯、糖果、手绢、小玩具等），然后用手势动作和语言——告诉孩子眼前都有什么，接着用一块布遮住其中的某件东西，让孩子猜是哪件东西不见了。

“宝宝，看看是谁偷跑进来了？”和前一个游戏相同，先带孩子看一遍都有什么东西，然后悄悄多放进一样物品，让孩子找出“偷跑进来”的东西，并用手势动作和语言描述它是什么。

“宝宝，看看是谁逃走了？”先让孩子观察眼前的物品，然后用布盖上，悄悄拿走其中的一件或几件，让孩子找出“逃走”的物品。

7

盖房子

孩子们都喜欢把自己藏起来，在角落里建造自己想象中的小房子。成人眼中一只普普通通的纸箱子可能在孩子眼中就是一艘大船、一辆跑车，甚至一艘太空飞船。角落里的毛毯作用也非常大，孩子会把它改造成一个秘洞、一座城堡或者丛林中的藏身之处。

所以，您可以充分利用孩子的想象力，鼓励他设计、建造一座属于自己的小房子。不必把事情搞得太复杂，手边的任何东西都可以成为盖房子的原材料：旧床单、围裙、小被子、靠垫、软质衣架等等。如果有需要，可以再找几条丝带或绳索。对了，还有装饰品：帽子、手套、围巾、腰带、首饰、手提包、袜子、衬衣……

您所要做的就是愉快地欣赏孩子的劳动，必要时搭一把手。在这个过程中，孩子会滔滔不绝地为您讲述他的创意还有想象中发生在小屋里的故事。这难道不是一种享受吗？

8

买东西

买东西的游戏同样不需要什么特殊道具。找个角落，用一只倒扣着的纸箱子当柜台，游戏就可以开始了！

首先，和孩子一起搜罗一些盛东西的工具和可以买卖的物品：盛橘子的空篮子、购物袋、小竹筐、台秤、核桃、栗子、榛子、水果、蔬菜，所有能找到的东西都可以拿来用。

需要买点做晚餐的材料吗？那就来一盒奶酪、一瓶酸奶和一杯冰激凌好了！别忘了，吃饭可不能没有餐具呀。尽量选择那些不易摔碎的塑料或金属餐具：小酒壶、小漏斗、盘子、汤碗、汤勺、夹子、叉子……要是能再找来一条旧围巾充当桌布那就更完美了！和孩子一起享用你们的晚餐吧！

9

阅读

早在1到2个月的时候，您的宝宝就已经开始对书产生兴趣了，先是喜欢看画面简单、色彩鲜明的图片，接着是配有文字或没有文字的画册。

书是用来读的，这点肯定没错，不过对于宝宝来说，书还有许许多多其他的用途：可以用来晃、用来咬、用来撕、用来敲、用来翻开、用来合上……宝宝小的时候，您可以给他一些画册边看边玩，让宝宝在玩耍中增长技能。等到宝宝懂事之后，再慢慢教给他应该如何使用图书，如何爱护图书。把宝宝喜欢看的书放在高度适宜、方便他拿取的地方。

为阅读添乐趣。市面上有很多专供婴幼儿玩耍和使用的图书：触摸书、洞洞书、立体书、风琴书、布偶书、识物卡片、画册……您可以为宝宝多准备几种不同的图书，把每种书的特点解释给宝宝，然后让他自己挑选、玩耍。

从宝宝小时候起就养成带他去图书馆的习惯。图书馆一般都会有儿童阅览室，而且经常会组织一些“宝宝读书会”。

读书的过程也是与宝宝交流的过程。拿本书，找个舒服的座位，和宝宝一起看书、念书、观察书。如果宝宝手舞足蹈或是不断发问，就证明他对手里的这本书很感兴趣，您可趁此机会为他进一步介绍书中的内容。没有文字的画书和可以发声的识物书都非常适合小孩子，但前提是书中的图画和声音必须要清晰、保真。

阅读其实也是做声音游戏的好机会。阅读的时候，您可以随时变换语速、声调和音量。别忘了，通过阅读传递情感才是最重要的。

假如您能够在阅读过程中使用到本书介绍的各种手势动作，把其中的关键词句用肢体演绎出来，那就再好不过了！

梳洗打扮

尿尿

大便

换

尿布

洗澡

穿衣服

鞋子

梳头

10

穿衣服

给宝宝穿衣服的时候哼唱一首歌谣，会令整个过程变得有趣起来。同时，您还可以利用这个机会教宝宝认识自己的身体。

下面这首借用《两只老虎》旋律改编而成的《穿衣歌》也许能够给您带来一些灵感。

我的右手，我的右手，
抬起来，抬起来；
快快钻进袖子，快快钻进袖子，
袖子里，袖子里。

我的左手，我的左手，
抬起来，抬起来；
快快钻进袖子，快快钻进袖子，
袖子里，袖子里。

我的脑袋，我的脑袋，
在哪里？在哪里？
原来它在这里，原来它在这里，
在这里，在这里。

还有小腿，还有小腿，
怎么办？怎么办？
穿上我的裤裤，穿上我的裤裤，
真好看，真好看。

我的宝贝，我的宝贝，
准备好，准备好；
跳到东来跳到西，跳到东来跳到西，
真欢喜，真欢喜！

11

走在森林里

给宝宝穿衣服的时候，您还可以为他哼唱下面这首歌谣。歌里面有一只大灰狼，等宝宝穿好衣服就会跳出来“吃人”。宝宝熟悉歌谣后，会既害怕又兴奋地等待大灰狼跳出来的一刻，在最后一句歌词唱出的同时咯咯大笑。

我们在森林里散步，

做“森林”的手势

不能让大灰狼*发现。

要是不幸遇见灰狼，

它就要把我们吃掉；

要是有幸躲过灰狼，

我们就不会被吃掉。

做“不”的手势

*大灰狼：一只手掌向外张开，放在嘴巴前方，表示狼的大嘴巴。

大灰狼，大灰狼，你在做什么*？

我在穿我的内裤！

我在穿我的裤子！

我在穿我的T恤！

我在穿我的罩衣！

我在穿我的外套！

我在穿我的袜子！

我在穿我的鞋子！

我要出来把你吃掉！

*你在做什么：两手自然握拳，拇指水平伸出，指尖在胸前相互触碰两次。

您可以根据实际情况调整歌词顺序或增减歌词，在唱歌的同时教宝宝认识衣服。

12

草坪上尿尿

下面的这首儿歌非常好玩，很适合在给宝宝把尿或是带宝宝去尿尿的时候唱，并且歌曲搭配的手势动作也十分可爱。

所有小孩子都会因为做了些“小坏事”而开心不已。

我在草坪上尿尿，

做“草”的手势

“哗”地赶走了小瓢虫；

我在草坪上尿尿，

“哗”地扑走了小蝴蝶。

《波吧噜啦》歌

其实很多日常活动都可以有歌谣来伴随。您只需随口哼上几段熟悉的旋律，即兴创作几句歌词，一首《波吧噜啦》换尿布歌就形成了！

波吧噜啦，
是谁藏在里面呀？
波吧噜啦，
是宝宝的尿布呀！
波吧噜啦，
尿布里面有粑粑？
波吧噜啦，
尿布里面有泡泡？
波吧噜啦，
哎哟哎哟换掉它！

13

洗脸歌

给宝宝洗脸的同时告诉宝宝哪里是鼻子，哪里是眼睛，哪里是嘴巴……这样一来，洗脸不但变成一件有趣的事，宝宝还认识了自己的身体和五官。

我要给我的小脸洗洗澡：
梳梳我的头发，
擦擦我的眼睛，
抹抹我的脸蛋，
捏捏我的鼻子，
漱漱我的小嘴，
按按我的下巴，
然后呢，
然后挠挠我的脖子。

下面这首《拍手歌》也很适合在洗脸的时候哼唱。

擦擦，擦擦我的鼻子，
擦擦，擦擦我的额头，
擦擦，擦擦我的脸蛋，
擦擦，擦擦我的下巴。
眼睛擦得明又亮，
鼻子洗得净又白，
脸蛋变得粉扑扑，
我的脸儿洗净了。

14

剪指甲

剪指甲的时候宝宝们通常都不太配合，这种情况下，您同样可以唱上一首儿歌或者编个故事来吸引宝宝。您的宝宝也许会因为您的儿歌或故事，变得非常乐意伸出他的手指头。

《我的小手是朵花》

我的小手是朵花，

拉住宝宝的手轻轻抚摸

指头就是小花瓣。

抚摸抚摸宝宝的手指头

小手小手我爱你，

开始剪指甲，下面的歌词每唱一句剪一只手指甲

有那么一点点喜欢。

喜欢，

很喜欢，

喜欢得不得了，

我爱你！

《拇指去旅行》

拇指去旅行，
食指把它送到了车站，
中指拎着它的行李箱，
无名指拿着它的风衣，
小指头跟在了最后面。

《小花园》

我有一座圆圆圆圆的小花园，
摊开宝宝的手掌，在手掌里画圈圈
小花园里种着水果和蔬菜。
都有什么呢？
每根手指对应一种水果或蔬菜
有生菜，
有萝卜，
有番茄，
有草莓，
有梨子。

指甲剪完之后再把歌谣从头唱一遍，别忘记加上手势动作哟！

家人

爸爸

妈妈

宝宝

小朋友

花园

森林

工作

房子

15

用手语起名字

每个家庭成员都可以拥有一个“手语名字”，这个名字通常与人物的特征相关，比如他的体型、性格、兴趣爱好等等。某人爱好园艺，那么他的“手语名字”可以是“花园”；Rose奶奶的“手语名字”可以直接用“玫瑰”来表示。最简单也最常见的起名方法，是直接用名字的首字母。在通用手语规范中，26个字母都有对应的手语表达。举个例子，字母A（手握拳，拇指竖起）表示小姑娘艾米丽的一双杏核眼。

现在，试着为每位家人起个“手语名字”吧：兄弟、姐妹、叔叔、婶婶、祖父母、阿姨、朋友，还有家里的小动物。相信您和孩子的共同创意会为生活增添不少乐趣！

右图中，小女孩露西的“手语名字”借用的就是她名字的首字母L。做这个手势的时候，应该在露西微笑的同时把手放在她的脸侧，表示“阳光”。因为露西这个名字在法语中有“阳光”的意思。

你好，露西！

16

我的家

《一首温柔的歌》很适合在教宝宝认识家庭成员的时候唱。现在，如果家中的每个人都有了一个“手语名字”，不妨借此机会来试一试吧！

一首温柔的歌，妈妈唱给我来听，

做“唱歌”的手势

吃着我的手指，听着歌儿睡着了。

拇指放到嘴边，做吸吮动作

一双温柔的手，爸爸抚摸我的身，

躺在他的臂弯，我的心里真温暖。

雨点般的亲吻，是姐姐对我的爱，

亲吻宝宝

落在我的脖颈，心儿跳呀跳怦怦。

把手放在心脏的位置

叔叔总爱逗我，把我挠*得直求饶，
从头挠到脚丫，我们一起笑开花。
段段精彩故事，爷爷嘴里讲不完，
蜷坐在他身旁，度过漫长的雨天。

*挠痒痒：手放在脸颊两侧，手指摇挠脸颊。

17

小乌龟一家

下面，我们要对《小乌龟一家》这首经典童谣进行一番改造，加入手势动作的同时配合一些拟声词，使歌谣更加生动形象。

您可以先将歌曲完整地唱一遍，在唱第二遍的时候加入注释部分的动作和声音。

见过吗？

左手捂住左眼，叫一声“喔”

没见过！

右手捂住右眼，叫一声“喔”

小小乌龟一家，

拍拍手，舌头发出“啧啧”的声音

追着老鼠跑。

一只手从另一只手手背迅速滑过，嘴巴配合“咻”的响声

乌龟爸爸，

拍拍手，舌头发出“啧啧”的声音

乌龟妈妈，

同上

还有乌龟宝宝，

同上

一直站在原地跑。

跺跺脚，嘴巴配合“砰砰”的响声

习惯

你好

晚安

再见

一会儿见

睡觉

醒来

亲吻

爱抚

18

起床歌

早上睡醒之后，不要急于把宝宝从床上拉起来，最好留给他几分钟醒神儿的时间。您可以借此机会抚摸宝宝，温柔地说声早上好，告诉宝宝今天的活动安排。

下面这首儿歌有两种演绎方式，一种是边唱边触摸宝宝的手指，另一种是用自己的手指来做动作。

拇指睡得香又甜，

一只手自然握拳，另一只手的食指轻敲握起的拇指

哐哐哐！拇指拇指起床啦！

不不不！人家还想再睡会儿！

摆摆手说“不”

好吧好吧，我醒了……

拇指张开

妈妈早上好！

食指张开，另一手食指轻触该食指指尖

爸爸早上好！

中指张开，另一手食指轻触该中指指尖

哥哥早上好！

无名指张开，另一手食指轻触该无名指指尖

妹妹早上好！

小指张开，另一手食指轻触该小指指尖

大家都起床啦，

我们吃早饭吧！

先做“吃饭”的手势，然后挠动手指，在宝宝的胳膊上做奔跑状

19

入睡歌

如果宝宝能养成听催眠曲入睡的习惯，会让妈妈感到轻松不少。

您可以为宝宝唱那些您小时候听妈妈唱过的歌谣，也可以念几段儿歌，更可以把孕期给宝宝听过的胎教音乐重新播放。

下面是几段示例曲目，请您根据宝宝的喜好适当加以修改。

《脸部按摩催眠曲》

我在房间转一圈，

抚摸宝宝的脸颊

关上灯，

抚摸宝宝的眼皮

关上窗，

抚摸宝宝的耳朵

走下楼，

捋一下宝宝的鼻梁

关上门，咔嚓……

抚摸宝宝的嘴巴

宝宝晚安！

亲亲宝宝的额头

《摇篮曲》*

大大的房间里，

妈妈抱着宝宝，

摇啊摇。

嘘，嘘，嘘，

宝宝要睡觉。

摇篮曲：作者为贝努瓦·维科内尔

20

分别和重逢

与宝宝分别之前，一定要告诉宝宝您要去哪里，大概什么时候回来。宝宝知道爸爸妈妈并非长时间离开，而且很快就会回来，心里便有了安全感，也就不再害怕和爸爸妈妈分别了。所以，千万不要悄无声息地离开！早晨上班之前，花上几分钟时间抱抱宝宝，跟宝宝说上一句“晚上见”。

下面这首《再见，小宝贝》也许可以帮助您。

宝宝的妈妈，
噢噢噢，我的小宝贝。
宝宝的妈妈，
她要上班啦，
她要上班啦！
宝宝的爸爸，
噢噢噢，我的小宝贝。
宝宝的爸爸，

他要上班啦，

他要上班啦！

乖乖的宝宝，

此处可换作宝宝的名字

噢噢噢，我的小宝贝。

乖乖的宝宝，

他要去托儿所*/他要跟着阿姨*乖乖地玩，

他要去托儿所/他要跟着阿姨乖乖地玩。

*阿姨：一只手臂弯曲置于胸前，另一只手手指并拢，轻拍其上臂，表示轻拍怀中的宝宝。

宝宝的哥哥去上学*，

噢噢噢，我的小宝贝。

宝宝的哥哥去上学，

那里有他的小伙伴，

那里有他的小伙伴。

*托儿所：与“家”的手势动作基本相同，但其中一根手指要微微抖动。

*上学：四指并拢，拇指食指张开成L形，两手分别拍肩膀，表示背书包上学。

爸爸妈妈很快会回来，

噢噢噢，我的小宝贝。

爸爸妈妈很快就回来，

大家都会回到家里来，

大家都会回到家里来。

晚上下班回家后，一家人可以再唱上一首歌庆祝这重逢的时刻。

《两只老虎》的旋律又可以拿来使用了。

我的宝贝，我的宝贝，

妈妈回来啦，妈妈回来啦！

快让妈妈抱抱，快让妈妈抱抱，

真开心，真开心！

最好鼓励宝宝的哥哥姐姐也加入到这小小的家庭仪式，说不定他们能创造出更棒的歌词或旋律呢！

21

看相册

小孩子们都很喜欢看照片，他们会一边看，一边叫出照片上人物的名字，带您一起回忆拍摄照片时的美好时光。

您可以选一些尺寸适宜的照片塑封之后放进相册，更可以多花些心思制作几套个性化相册，然后把相册放在孩子可以拿到的地方，比如他的书架上。如果照片旁边配有注释，那么当您不在的时候，托儿所的老师或者家里的看护人就能够代替您讲解给孩子听。

关于相册主题的几个提示：

我的家人：爸爸、妈妈、哥哥、姐姐、祖父母、小伙伴、宠物、玩具……家人不在身边时，孩子可以从这本相册中得到慰藉。

我的成长日记：把孩子的照片按时间顺序放入相册（每个阶段选一到两张），和孩子一起边看相册，边为孩子讲述他小时

候的故事。

我最喜欢的地方：家里、公园、树林、托儿所、度假的海滩……您还可以往相册里加几张您工作场所的照片，这样当您去上班时，孩子就清楚地知道爸爸妈妈到底在哪儿了。

生活用品：照片或者从报纸杂志上剪下来的图片，比如汽车、衣服，都可以放进这本相册。通过翻看这本相册，孩子的词汇量肯定会大大增加。

动物：把身边常见动物的照片放进相册。当然，不常见的动物也未尝不可！

情感表达

不舒服/疼

生气

害怕

哭泣

伤心

满意/开心

笑

帮助

22

宝宝不疼了

教给孩子如何表达自己的感受，并用行动告诉孩子他可以得到所需要的照顾。如果家长能够及时聆听和理解孩子的悲伤、苦恼，那么孩子很快就能够摆脱恐惧感和挫败感。很多时候，孩子哭完、闹完之后都需要几句安慰的话语来重拾信心。

下面的这首小诗就具备让孩子破涕为笑的魔力。

不疼了，不疼了，宝宝不疼了。

抚摸孩子的手，或者让孩子自己摸摸自己的手

不用看医生，

先摇头或摆手表示“不”，再模仿医生用听诊器听诊的样子

不用吃药药。

假装从药箱里往外拿药

妈妈吹一吹，
妈妈摸一摸，
妈妈抱一抱，
宝宝不疼了！

先做“疼”的手势，然后将手掌向两侧打开，表示疼痛飞走不见了。

23

手指怎么了？

下面这段儿歌涵盖了本章节介绍的几种基本情感的手势表达。为宝宝念这段儿歌的时候语速要慢，力求把每种情感都表达清楚，这样才能起到安抚宝宝的作用。

儿歌开始前，一手握拳，手指根据每句话的内容依次打开。

您可以一只手做动作，另一只手指导宝宝跟着您做动作。

小指很开心，

用一只手的食指和大拇指将另一只手的小指掰开

无名指在哭泣，

将无名指掰开

中指很生气，

将中指掰开

食指害怕了，

将食指掰开

大拇指它睡着了。

将大拇指掰开

嘘……

将手指张开的一只手做“棉被”，覆盖在另一只握拳的手上，表示盖被子“睡觉”

发现世界

不知您是否还记得自己小时候观察世界的眼神？是否还记得什么东西曾令您无比震惊？什么东西曾令您异常困惑？什么东西曾让您感到好奇？什么东西曾令您深感不安？什么东西会让您开怀大笑？什么游戏至今仍令您留恋不已？

孩子们其实并不需要那些所谓的“早教活动”来启蒙，因为每天的生活就已经为他们提供了足够的认识世界、发现世界的机会。平日里多陪孩子一起玩耍，观察孩子对外界事物的反应，了解他们的兴趣所在，比任何其他形式的活动都更有意义。

请重新唤醒您儿时的那颗童心，和孩子一起去发现、去体验生活中的快乐和惊喜吧！

动物

狗

猫

鸟

鱼

蝴蝶

瓢虫

蜘蛛

蜗牛

狮子

熊

奶牛

马

24

动物分类

动物在我们的生活中占据着格外重要的地位，它们几乎无处不在：书上、游戏里（玩具、模型、卡片）、外出活动时（乡下、动物园）……所以当您和孩子说起某种动物或是发现孩子对某种动物很感兴趣的时候，不妨也利用我们的手势动作，让您的描述变得更加生动形象。

另外，儿歌里也常有动物的身影，比如我们耳熟能详的《小白兔白又白》《大公鸡喔喔叫》《鱼儿鱼儿水里游》等等。念儿歌的同时加上手势动作，或是模仿出动物的步态、叫声，您的孩子一定会饶有兴致地学着您的样子做动作的。学习、玩耍、运动，一举多得，何乐而不为呢?

从孩子2岁起，您就可以引导他对动物进行分类了：寻找同一类型的动物，模仿同类型动物的样子。此外，动物的分类方法也是多种多样，哪些是有毛的，哪些是长羽毛的，哪些有鳞片……

25

小猫咪

这是一首专门用来模仿小猫咪走路和叫声的儿歌，可以边念边做动作，您的宝宝一定会听得津津有味。

左边长胡须，

左手五指张开，放在脸侧，表示猫咪的胡须

右边长胡须，

右手五指张开，放在脸侧，表示猫咪的胡须

我是一只小猫咪。

伸出我的左爪，

喵——

左手五指分开、自然弯曲成C形，表示猫的爪子，然后向前挠一下

伸出我的右爪，

喵——

右手五指分开、自然弯曲成C形，表示猫的爪子，然后向前挠一下

有老鼠，

喵——

双手张开露出指甲，同时向前扑，动作要短而快

老鼠不见了，

喵——

双手自然握拳，慢慢收回至胸前

乖猫猫，

一只手抚摸另一只手的手背

睡觉觉。

做“睡觉”的手势，或者双臂交叉于胸前，两手抱肩，将头伏于臂弯，表示睡觉

26

森林里的小猴子

下面的这首儿歌非常适合边做动作边演唱。几遍唱下来，您的肢体表现力肯定会大大增强。

森林里面有只猴*，

站着做“森林”和“猴子”的手势

小小小小的一只猴；

整日晃来又晃去，

身体悠闲地左右摇晃，做“散步”的手势

跳到东来跳到西。

突然来了大蟒蛇*，

俯身模仿蛇爬行的样子

噌噌噌，爬得快。

朝宝宝的方向移动，动作越来越快

小猴子*，吓坏了，

哧溜一下爬上树。

做“猴子”的手势，并做向上爬的动作

可惜可惜真可惜*，

蟒蛇又要饿肚皮。

*猴子：模仿猴子的样子，两手搔挠腋下。

*蛇：食指和中指伸出呈V形置于嘴前，表示蛇的芯子，模仿蛇爬行的样子。

可惜：耸肩，脸上露出遗憾的表情。

27

小兔子，毛茸茸

关于小动物的儿歌都很适合用来和宝宝一起玩耍嬉戏。在唱这一类儿歌时，您一定要把自己想象成歌中的小动物，宝宝能够根据您的演绎逐渐认识自己的身体，而且能够逐步形成空间意识。

小兔子，
毛茸茸；
小兔子，
毛茸茸；
小兔子，
浑身上下毛茸茸。

双手自上而下抚摸自己的身体，动作幅度要大

前面，

展示前胸

后面，

展示后背

上面，

展示双臂

下面，

展示双腿

小兔子，

浑身上下毛茸茸。

双臂同时张开

这首儿歌的歌词可以任意变换，比如小猫咪毛茸茸、小小鸟长羽毛、小鱼儿有鳞片、小绵羊披毛线……

自然

太阳

热

花

草

下雪

冷

云

月亮

叶子

风

树

雨

28

小花园

下面是一个以春天为主题的手指游戏。

我有一座小花园，

伸出一只手的手掌，表示花园

我在花园里面撒上种子，

另一只手的手指在手掌上方捻动，表示播种

然后盖上一层黑土；

合起手掌

天空下起小雨，

用另一手的五指轻敲该手手背

不一会儿，太阳出来了，

花园里开出了花朵，

一朵，两朵，三朵，四朵，五朵小花儿。

依次伸出握起的手指

29

太阳，太阳！

天气晴朗的时候带上孩子一起到户外舒展舒展筋骨，晒晒太阳，让阳光渗透每一寸肌肤，与孩子共同分享日光浴的快乐，充分感受阳光的力量吧！

下面就让我们一起把这首《铃儿响，门儿开》改编成一首“日光浴之歌”吧。

太阳当空照，
阳光暖洋洋，
小朋友出门去玩耍。
戴上太阳镜，
做戴眼镜的动作
戴上小草帽*，
拿上我的小水壶。

**草帽：手掌轻拍两下头顶。*

30

播种

有没有觉得种子在泥土里生根发芽的过程很神奇呢？您的孩子一定会非常乐意照料一株植物，观察植物的生命历程。您可以和孩子一起种下一颗栗子、核桃或者任何散步时随手捡来的种子。另外，梨核、土豆或者风信子也都是不错的选择。至于容器，最好是选择透明的广口瓶。

如果您和孩子一起种下的植物不但能看，而且还能吃，那就更有乐趣了！您可以试着种些扁豆、向日葵（选择刚刚生根的小向日葵）、苜蓿、薄荷、蕨菜或者花椰菜，等到它们成熟收获之后，把它们拌成沙拉，做成布丁，摊成鸡蛋饼，搅成蔬菜泥或者拿来做配菜。吃着自己亲手种的蔬菜，是不是很有成就感呢？

31

自种小麦

只需一只塑料的鸡蛋托、一点棉花和泥土，再加上几粒小麦（未经加工的麦粒），您就可以在家搭建一座“迷你温室”了。

首先，在蛋托底层铺上一层棉花。提前把麦粒放入水中浸泡几个小时，充分唤醒种子的活力，然后将麦粒均匀地撒在棉花上，覆盖一层土，最后再加盖一层棉花。

之后要做的就是每天为小麦种子掀一掀棉被，用滴管或者小喷壶为种子浇浇水，观察小麦的生长状况。种子发芽以后就可以掀掉顶层的“棉被”，然后耐心地等待它抽出麦秆，生出麦叶了。

32

秋日漫步

秋末的时候，穿上暖和的衣服，带着孩子一起去森林里感受自然之美吧！

捡一捧落叶，在跳起的同时将叶子抛撒到空中，任由叶片在头顶上方旋转、飘落，您的孩子肯定会因为这场落叶雨兴奋不已。

充分打开你们的感官，聆听树林里的各种声响，闻闻各种植物的香气，观察颜色形状各异的叶片。坠落在地上的松果、栗子，不知名的小浆果，甚至不起眼的苔藓、花瓣、石子和羽毛都会成为孩子眼中的至宝。

此时，为何不把宝贝们收集起来进行一番即兴创作呢？用石子砌一条小路，用收集的花瓣、羽毛和落叶加以点缀。让您和孩子的想象力、创造力尽情地在林间驰骋吧！

33

太阳公公早上好，月亮婆婆晚安

这是一首非常优美的儿歌，很适合在起床或者睡觉之前为宝宝哼唱。

太阳公公早上好，
您在天上做什么？
我要暖熟树上的樱桃*，
送给所有听话的孩子。

假装面前有许多小朋友，张开双臂拥抱他们

**樱桃：两手拇指和食指分别弯曲成C形，两手指尖相对，组成樱桃的形状。*

月亮婆婆晚上好，
您在天上做什么？
我要染红地上的草莓，
送给所有听话的孩子。

34

下雨了！

选一个没有风的雨天穿上雨鞋，披上雨衣，和孩子一起来场雨中漫步，去听、去看、去感受周围环境的细微变化。

让孩子露出小脸，体会雨滴打在脸上、沿脸颊滑落的感觉，尝一尝雨水的味道，摸一摸被雨水打湿的小草、花朵和树木，聆听雨水落在不同物体上发出的声响（空瓶子、装水的瓶子、塑料盘、金属碗……）

孩子在雨中会兴奋得一会儿踩水，一会儿和泥，一会儿捡树叶，一会儿扔石子。此时，站在旁边的家长应该做些什么呢？您可以在适当的时候引导孩子变身一位小小自然学家。孩子踩水，您就让孩子感觉一下水的深浅；孩子和泥，您就建议他调整一下泥巴的硬度；孩子扔石子、丢树叶，您就让他辨别一下哪些东西可以漂浮在水上。不过请牢记，孩子玩得高兴才是游戏的目的！

35

雨天的儿歌

关于雨天的儿歌真是不少，像《下雨啦，牧羊人》《下雨了，水满了，池塘的青蛙过节了》《雨点儿滴，雨点儿滴》都是大家耳熟能详的童谣。

下面的这两首小诗和小调同样也是为雨天准备的，而且都非常适合添加手势动作。

雨点滑过我的脖子，

做下雨的手势，手指指尖轻点宝宝的脖子，表示雨点滑落

轻轻的，柔柔的；

抚摸宝宝，露出开心的笑容

雨点打在我的指尖，

做下雨的手势，手指指尖轻点宝宝的指尖，表示雨点滴在手指上

冰冰的，凉凉的；

雨点落在我的额头，

做下雨的手势，手指指尖轻点宝宝的额头，表示雨点滑落

真惬意，真欢喜！

小蜗牛，

弯弯腰，

弯腰拍拍后背

房子房子身上带。

做"家"的手势

哗啦啦，

下雨啦，

做"下雨"的手势

蜗牛喜出又望外，

做"开心"的手势并露出笑容

连忙伸出小脑袋。

一手弯曲成弧状，表示蜗牛的壳，伸出另一只手的食指和小指表示蜗牛的触角，模仿蜗牛把头钻出壳的动作

36

起风了！

选择一个刮风的日子带孩子一起走进风中，感受自然的力量。试着描述你们在风中的见闻：大树摇晃，树叶被刮落，袖子里灌满了风……然后再寻找合适的词语表达自己的感受：风吹在脸上是什么感觉，或者空气里的气味像什么。引导孩子独立观察和思考，鼓励他主动表达自己的所思所想。最好给孩子穿上宽松的风衣，让风儿钻进他的怀中。张开双臂，像是要飞起来一样，随性哼唱一首《风来了》。

风儿轻，风儿轻，
风儿拂过松叶青。
风儿笑，风儿笑，
我们站在风里笑。

37

下雪啦！

入冬的第一场雪总是能让小孩子们兴奋无比，所以一定要抓住机会带孩子来一场雪中漫步！

张开你们的耳朵，感受雪天的静谧，聆听积雪压弯树枝的低响，聆听积雪被双脚踩实的浅吟，看日光在冰雪世界的色彩变幻，赏冰凌折射的点点光芒。您甚至还可以邀请孩子一起品尝雪的味道，接一片雪花，看它在指尖融化，抓一把白雪，团成大大的雪球……

无须过多指引，孩子就能在雪中玩得不亦乐乎。您需要做的只是陪伴在小小探险家身边，看他如何在雪地里撒欢冒险。如果空气足够冷，还可以为孩子表演精彩的泡泡魔术：吹出的肥皂泡会马上凝结，变成一颗颗色彩斑斓的水晶球。

随口哼一段儿歌的旋律，即兴加几句应景的歌词，一首《雪天之歌》就新鲜出炉了！

冬天来，
雪花飘，
世界变白了。
下雪了，
下雪了，
滚出圆圆的大雪球。
…………

下面看您的了！

38

制作冰碗

是时候考验一下您和孩子的动手能力了，一起制作几只漂亮的冰碗吧！

所需材料

- 一根细绳
- 容器：最好是扁平的玩具盘子、冰激凌盒……
- 水
- 散步时收集的宝贝：松果、枫叶、小草、浆果、花瓣、麦粒、树枝、石子……

制作方法

- 将选好的宝贝分别放入容器中，然后用细绳把容器一一穿起
- 往容器里加水，没过容器中的宝贝
- 把冰碗的雏形放到寒冷的室外，直到冰碗中的水冻实
- 冰碗出模，挂起作品，好好欣赏一番吧

唤醒感官

本书前言中已经提到，宝宝的视觉、听觉、嗅觉、味觉、触觉，五种感官早在胎儿时期就已经形成。宝宝出生后，某种感官能力，尤其是触觉、味觉和嗅觉的发展会因为锻炼机会减少而变得相对缓慢下来。所以在和宝宝的游戏以及日常相处中，您应该有意识地锻炼宝宝的各种感官能力。

有关感官的手势动作并不需要死记硬背，让直觉来指引您摆动身体，您会发现宝宝将对这些手势无师自通。比如：用食指指耳朵，表示听；用食指指眼睛，表示看；用食指指鼻子，表示闻；用食指指嘴巴，表示吃。另外，手指还可以帮助您表达粘、扎、软、硬等多种触觉感受。

39

反光板

价格低廉的反光板在体育用品商店或汽车用品商店很容易就能找到。您可能想象不到，反光板也许会成为宝宝爱不释手的玩具。

把反光板铺到地上，任由宝宝在上面爬行，“咔嚓咔嚓”的响声会让宝宝越爬越带劲儿。他们会把熟练、不熟练的动作在反光板上全部试验一遍，目的就是让身下的这块板子不断发出清脆的响声。假如宝宝在运动或听力方面的发展比较缓慢，那么反光板会是件不错的训练道具。

反光板的玩法有很多：和宝宝一起用板子制造出高低、轻重不同的声响，趴在板子上揉搓，躺在板子上打滚，在板子上慢走、快走（小心滑倒），玩藏猫猫……总之，充分发挥你们的想象力，想怎么玩就怎么玩。

当然，有的宝宝刚开始的时候会害怕反光板发出的声响，表现得不是那么兴奋。这种情况下，千万不能操之过急，耐心告诉宝宝反光板为什么会响，让宝宝按照自己的节奏来玩，慢慢发现其中的乐趣。如果宝宝仍旧有畏惧情绪，作为家长的您最好不要置身事外，和宝宝一起动手玩才是消除宝宝不安的最佳途径。

注意，反光板这类“玩具”并非专门为儿童设计，所以在没有成人看护的情况下不能让宝宝独自玩耍。

40

声音实验室

日常生活中的很多物品都可以被改造成您和宝宝的专属乐器。晃、拍、磨、刮、砸，不同的动作会使物品发出不同的声响，所以你们拥有的不只是件“乐器”，而是一座可以创造无限可能的声音实验室！

- 找一只硬纸筒（卫生纸或保鲜膜的纸芯），往筒里装一把大米、沙子或者黄豆，然后用胶带把纸筒两端封住，最后对纸筒的表面加以装饰，一个漂亮的DIY沙锤就做好了！
- 架子鼓的制作方法更加简单。随意找几只箱子和盒子，最好材质要有所区别，纸质的、塑料的、金属的各选几只。再找两把木勺当鼓槌，一套即兴组装的架子鼓便完成了。
- 一截铝塑管配一根木棒，就是一架锯琴。用木棒摩擦管壁，可以发出高低不同的声响。
- 在宝宝的袖口或袜子上缝几只小铃铛，宝宝挥手、踢腿之间便会伴随着清脆的声响。

把自制的乐器放在一只专用的乐器箱内，然后把箱子摆放在宝宝容易拿到的地方。

41

嗅觉训练

婴儿的嗅觉十分敏锐，这是动物的天性，因为小婴儿要生存，就必须准确辨认出母亲的气味。您可以充分利用宝宝的这一本能，抓住日常生活中的各种机会训练宝宝的嗅觉，及时告诉宝宝现在闻到的气味来自哪里：食物、饮料、洗发水、香水、奶香、花香，还是刚浇过水的草坪。

花园

经常带宝宝到花园里散步。如果有条件的话，最好能和宝宝一起亲手种一些气味浓郁且简单易活的植物，比如蒜苗、香葱、薄荷、洋甘菊、柠檬草、香菜、茼蒿、茴香、桂花、薰衣草、墨角兰、香芹、迷迭香、鼠尾草、百里香、椴树、马鞭草等等。然后给这些植物配上标签。

这样一来，认识植物、辨认植物的气味以及观察植物叶片纹理就可以成为宝宝的日常活动之一了。

请好好享受花园里的嗅觉盛宴吧！

42

味觉训练

为宝宝准备味道丰富的食物是锻炼宝宝味觉的最佳途径。

- 甜：果酱、蜂蜜、栗子酱……
- 咸：奶酪、馅饼、火腿……
- 酸：酸黄瓜、柠檬、青苹果……
- 苦：柚子、苦菊、可可粉、黑巧克力……

吃饭的时候给宝宝充分的自由，让他自己去摸、去闻、去观察不同的食物，辨认不同食物的味道。在认识食物的过程中，不光是嘴巴，眼、手、鼻也同样起着十分重要的作用。

当宝宝把食物送到嘴里开始吃的时候，记得和孩子交流一下食物在口中的感受：甜不甜？辣不辣？粘不粘？硬不硬？软不软？喜不喜欢吃？

味觉小游戏

等到宝宝年龄大些，就可以和他玩猜食物的游戏了。蒙上眼睛，放一种食物到嘴里，猜猜它是什么。猜谜的可不光是宝宝，您也一起参与进来才更有乐趣。

43

触觉训练之一

宝宝的抓握能力在不断地发展之中。婴儿从3个月起，就已经开始有意识地用双手去够东西了。起初，宝宝可能只能找到大概的方向，随着时间的推移，宝宝的动作会变得越来越精准。

您的宝宝是不是从很小的时候起就对布很感兴趣，喜欢抓着床单、枕巾玩？布柔软且容易抓握，是所有小宝宝爱不释手的玩具。

在布店或者裁缝店，很容易就能找到颜色、图案、纹理各异的边角布料。把这些碎布料收集起来，裁成15cm^{2}的方巾，然后锁好边。从中选两块方巾做成布兜，在布兜里塞上各种填充物：小气球、米粒、麦粒、铃铛……最后将布兜口缝合。

把自制的小方巾和小布兜放在宝宝的床边或者爬行垫上，供宝宝自由地抓握。另外，把这些自制的小玩意当作藏猫猫的道具也是个不错的主意。

44

触觉训练之二

供宝宝抓握的物品要尽可能丰富多样：轻的、重的、光滑的、粗糙的、圆的、扁的……

找一只盒子或口袋，在里面放入不同种类的物品：植物、石头、塑料、木头、纸盒、纸片或者上一节中介绍的自制方巾，让宝宝伸手去触摸、去感受。

制作一块“乞丐布”。把家里的各种边角布料缝在一起：丝绒、绸缎、纱布、闪光片、素色布、褶皱布、绣花布……

制作一本“百科全书”：把所有能收集到的片状物品剪裁成同样的大小，在一边打上圆孔，然后用丝带或者细绳装订起来。可以选取的材料有：塑料纸、瓦楞纸、网兜、贴羽毛的纸片、麻布、玻璃纸、毡布、棉布……

45

赤脚走路

只要条件允许，就不要给宝宝穿鞋和袜子。光脚对锻炼宝宝的平衡能力和足底肌肉十分有益，并且有助于足弓的形成。假如宝宝已经开始学习走路，那么就需要穿鞋子了，但是请记住，鞋袜的作用仅仅是保暖和保护脚底不被地面异物扎伤。

还是要尽可能多地为宝宝提供光脚走路的机会。假如有一块足够平整的木地板、瓷砖地面、草坪、沙地、卵石路、海绵、棕垫或地毯，那么就放心大胆地为宝宝脱掉鞋袜吧！

如何唤醒小脚丫？

- 取几块$30cm^2$的木板或硬纸板，为它们贴上不同材质的板面：谷粒、草席、绳子、渔网、玻璃纸、气泡垫、鹅卵石等等。
- 选择板面不同的木板或纸板，拼接成富有创意的形状：圆形、螺旋形、三角形……

- 把宝宝放在板子上，让宝宝在上面随意活动。
- 在您关爱的目光中，宝宝会获得莫大的鼓舞，勇敢地去探索、去感受脚底的乐趣！

46

平衡训练

下面介绍的是两个可以边唱边玩的平衡游戏，能够让宝宝在左右、前后、上下的晃动中得到平衡锻炼。歌谣的最后是一个侧翻或跳起的小惊喜，肯定能让宝宝乐此不疲。

- 妈妈平躺在地上，双腿并拢蜷起，宝宝坐在妈妈的腹部，背靠大腿。
- 妈妈一边哼唱歌谣，一边前后蜷伸或左右摇晃双腿，唱到最后一句时，放平双腿，让宝宝完全躺在妈妈的腿上。
- 如果妈妈能把动作做得夸张一些，并且和宝宝一起摇晃，唱到最后一句时让宝宝突然向后躺倒，效果会更加出色。

船儿船儿水上漂，
河水河水静悄悄。
河水淌，船儿漂，
河水忽然变急了，
船儿一下掀翻了。
船上的宝宝，
扑通——
落水了！

小木鞋，
嗒嗒嗒，
穿上木鞋找妈妈。
谁把木鞋弄坏啦？
是宝宝！

47

小马跳

宝宝能够独立坐稳之后，就可以玩“小马跳”的游戏了。

让宝宝面朝您跨坐在您的大腿上，您可以根据宝宝的情况采取适当的保护措施。如果宝宝坐得不是太稳，就用双手轻轻托住他的后背；如果宝宝已经坐得很稳，那就只需牵住他的小手。

骑士骑士骑大马，
骑马走进葡萄架。
葡萄葡萄真好吃，
大马大马哒哒哒。

上下抖动大腿，让宝宝像骑马一样在您的腿上轻轻颠起，然后逐渐加快节奏

我的小矮马，
慢慢溜达达，

快快加速跑，

👋 嘚儿——驾！

👋 加快节奏

哒哒哒，

跑得太快啦！

👋 速度越来越快

哎哟——

我被摔下了马！

👋 突然叉开双腿，宝宝被摔下“马”。当然，一定要在最后一刻扶住宝宝，以免真的摔伤

48

鲸鱼游呀游

还是让宝宝坐在您的大腿上，然后左右摇动双腿，模仿涌动的海浪。其实不只是双腿，您的全身都可以随着歌谣左右摇摆。歌谣最后，渔船被鲸鱼掀翻，大腿上的宝宝也要随着这最后一句歌词被放倒。

一条鲸鱼，
围着渔船，
游动，旋转，
要把渔船来掀翻。
它游呀游，
它转呀转，
扑通——
船翻了！

类似本节以及前面三节所介绍的小游戏，能够让宝宝在确知自己没有危险的前提下，体验到身体失去平衡却无法控制身体的感觉。随着游戏次数的增多，宝宝会逐渐记住歌词，知道自己什么时候要倒下来，那时，他会既紧张又兴奋地期待最后一句歌词的到来。

49

飞起来喽！

妈妈平躺在地上，双腿并拢，脚面贴地膝盖弯曲，宝宝面向妈妈，趴在妈妈的小腿上。扶住宝宝的腋下，边面对宝宝讲话或唱歌，边抬、落双腿。

这个“飞”向空中、“飞”过妈妈头顶的游戏与前面章节介绍的游戏属于同一类型。做这类游戏的时候，宝宝会急切地盼望最后一句歌词的到来。虽然知道有成人的保护，但是宝宝仍需努力克服对坠落的恐惧。

一二三，
飞上天；
四五六，
上月球；
七八九，

张开手！

…………

这个游戏不适合年龄过小的宝宝，玩的时候也不能过于激烈，过于频繁。听从您的直觉，观察宝宝的表现，如有不适，应立即停止。要时刻牢记，宝宝的安全是第一位的，绝对不能让宝宝摔伤。

抚触和按摩

为什么要按摩？

按摩是一种与孩子增进交流、增进感情的好方法。肌肤间的接触能够起到安抚、镇静的作用，接受按摩的宝宝能够充分感受到父母的关爱和重视。

另外，按摩还能够促进血液循环，帮助宝宝舒展筋骨、活动关节，增强机体免疫力。通过按摩，宝宝可以进一步发掘自己身体的潜能，增强感官的敏锐度。

最后，按摩的过程也是借助非语言因素观察宝宝反应、适时调整按摩手法和力度的过程。经常给宝宝按摩，您对宝宝情绪的判断会变得越来越准确。

何时、何地、如何按摩？

选择您和宝宝都十分放松和愉快的时候做按摩，比如洗澡之后，因为宝宝洗完澡后身体会变得既暖和又放松。按摩的时候用一点润肤油，可以起到润滑保湿的效果。把按摩所需的物品和工具放在手边，保证按摩过程的完整，不会被外事所打扰。

选一处安静的地方。由于按摩中的宝宝是光着身子的，所以室温要适宜，并且室内光线应该尽可能柔和。

在结实、牢固的台面上铺一块柔软的大毛巾，让宝宝平躺在毛巾上按摩。当然，如果把毛巾铺在地上就不必担心宝宝会摔落，相对更为安全。

您还可以提前准备一段舒缓的按摩音乐。

按摩的力度要根据宝宝的年龄来定。总之，按摩中要随时观察宝宝的反应，及时调整按摩的手法和时长。

黄金法则

1. 确保您和宝宝都已经做好了按摩的准备。按摩前摘下所有的首饰并检查手指甲是否已经剪短，以免划伤宝宝。
2. 确定宝宝没有其他迫切的需求需要满足，比如饥饿、口渴、大小便、换尿布、困倦……
3. 开始按摩前应先征得宝宝的同意。按摩过程中随时观察宝宝的反应（烦躁、恐惧、走神……），如果宝宝表现出抗拒的情绪，请及时停止。
4. 按摩过程如需中断，请保持您的手始终不离开宝宝的身体。
5. 腹部按摩应按顺时针方向进行。由于肠道是顺时针盘旋于腹腔内，所以顺时针按摩能够起到帮助消化的作用。

50

按摩前的准备

按摩前一定要让身体处于放松状态。

您可以先花上一小段时间让自己静下心来：坐在椅子上，两臂交叉置于胸前，闭上双眼深呼吸。只有内心平和，才能专注于双手，才能敏锐地观察到宝宝的情绪变化。

心境平和下来后，再做一做伸展运动：抻抻胳膊，活动活动手腕和双肩，扭一扭脖子，揉搓揉搓双手，抖动抖动手指。

找一个舒服的姿势，俯身开始为宝宝进行按摩。按摩过程中后背应保持挺直，眼睛应直视宝宝，面部保持微笑。按摩时可以为宝宝唱歌，也可以与宝宝交谈。总之，应该慢慢地享受您与宝宝的肌肤接触。

51

脸部按摩

宝宝平躺在地上，按摩者面向宝宝，用双手拇指在宝宝脸上画三条线：

- 首先，将拇指放在宝宝的眉心位置，沿眉骨画向太阳穴。
- 接着，将拇指放在宝宝的鼻翼两侧，由鼻翼画向太阳穴。
- 最后，拇指由下巴出发画向太阳穴，拇指指尖抵达太阳穴后轻轻转动几下。

这三条线每一条都可以重复若干次，按摩完一条线再进入下一条线。重复动作的时候，要记得先拿起一只手，再拿起另一只手，保持与宝宝的肌肤接触没有中断。

脸部按摩结束的时候可以添加一节整理运动：双手拇指横放于宝宝的额头，然后经由双眼，向下画向宝宝的下巴。

52

印式揉搓按摩

宝宝平躺在地上或者坐在地上，按摩者面向宝宝，双手微曲，环握住宝宝的手臂。

- 双手同时反向移动，自上而下、再自下而上揉搓宝宝的手臂。注意，应完整地从肩膀按摩至手腕后，再改变方向。
- 由于按摩者的双手需要不断揉搓宝宝的皮肤，所以一定要注意按摩的力度，必要时使用一些润肤油，以免搓伤宝宝。

一只手臂按摩完成后再遵循同样的手法按摩另一只手臂。

53

手部按摩

宝宝平躺在地上或者坐在地上，双臂保持放松，按摩者面向宝宝。

- 将宝宝的手放在自己手掌上，掌心向上。
- 用另一只手的拇指在宝宝的手掌上画圆圈。
- 接着，用拇指和食指依次轻拉宝宝的手指，拉伸的同时说出每根手指的名称。在这一环节，您可以充分利用本书推荐的几首关于手指的儿歌（参见活动5、14、23、82、83）。
- 最后，进行一次整体按摩：用手掌自宝宝的手腕滑向指尖，抚摸宝宝的整个小手。这个动作会让宝宝感到既温暖又舒适。

用同样的手法按摩宝宝的另一只手。两手的按摩力度、时间长短应基本相同，让宝宝的身体感受达到平衡。

54

胸部按摩

宝宝平躺在地上，按摩者面向宝宝。

- 十指并拢，双手相对，小指指侧放在宝宝胸前。
- 双手以拇指指侧为轴慢慢向两侧打开，手指依次滑过宝宝的胸部，直至拇指与宝宝的肌肤贴合后停止。这个类似捋平纸张的动作可以重复若干次。
- 双手分别置于宝宝大腿根部、盆骨两侧，自下而上推至肩膀，轻揉一下肩膀后再重新开始本动作。
- 最后，在宝宝的胸前画十字，即左手置于宝宝右腿根部，向其左肩滑动，右手置于宝宝左腿根部，向其右肩滑动，两手动作交替进行。

55

腿部按摩

- 面向宝宝，一只手托住宝宝的双脚，两脚脚踝用一根手指隔开。
- 另一只手握拳，小臂以掌心为轴转动，用小臂自上而下按压宝宝并拢的双腿。
- 用同样的手法对双腿分别进行按摩。
- 双手手指相搭，托住宝宝一条腿的大腿根部，宝宝的双腿应尽可能保持放松。双手拇指同时在宝宝的腿部画圆圈，并自上而下移动。
- 按摩至膝盖和脚踝时，应沿骨头的轮廓适当放大手指所画的圆圈。
- 可以将活动52中介绍的印式揉搓按摩动作运用到腿部按摩中，按摩方向为自大腿至脚踝。

56

骑车运动

宝宝平躺在地上。

双手分别握住宝宝的脚踝，然后向上推动宝宝的一条腿，令其膝盖顺势弯曲，大腿触碰腹部后放松还原。重复同样的动作在另一条腿上。每条腿做三次。

在做“骑车运动”的时候，可以边做边唱下面的这首歌：

骑车车，
骑呀骑，
骑上一辆自行车。
骑车车，
骑呀骑，
骑上一辆三轮车。
骑车车，
骑呀骑，
骑上一辆摩托车。

做完这项运动后，需要对宝宝的背部加以舒展放松。您可以将宝宝的双腿同时向上推起至腹部，保持几秒钟后再缓慢地将腿重新放平。放平的过程中膝盖保持并拢，同时向左侧和右侧各扭动一次。

这项运动非常有助于消化，并且可以促进排气。

57

双脚按摩

按摩双脚的方法和按摩双手的方法基本相同（参见活动53）。

- 与宝宝相向而坐，一只手轻轻托住宝宝的一只脚。按摩过程中宝宝的双腿应尽可能保持放松。
- 另一只手的拇指在宝宝的脚掌画圆圈。
- 接着，用食指和拇指依次轻拉宝宝的脚趾。该动作可重复数次。
- 最后，将手掌摊开，自脚跟至脚趾抚摸过宝宝的小脚丫。
- 换另一只脚进行按摩。

58

爱抚和背部按摩

让宝宝骑坐在您的大腿上，两人面对面，肚皮贴肚皮。按摩的时候先把前一个动作重复几遍之后再进入下一个动作。

- 食指和中指并拢，使用食指和中指的指腹进行按摩。
- 两手分别放在宝宝脊柱两侧。
- 指腹从颈椎处开始画圆圈，并沿脊柱逐渐向下移动。手指画圈的方向应由外向内。
- 指腹按摩完毕后，将两手摊平，用手掌进行按摩。方法同上，唯一的区别是动作幅度要大，按摩范围由脊柱两侧扩大至整个背部。
- 按摩时，手掌自上而下轻抚宝宝的背部肌肤，双手于脊柱处交叉而过，最后停在宝宝的体侧。
- 最后一组动作：一手托住宝宝的屁股，另一只手手掌自脖颈至臀部抚摸宝宝的脊背。

59

蜘蛛爬

下面是一组带有故事情节的按摩动作。

让宝宝趴在或者坐在您的肚子上，您边讲故事边做动作。

蜘蛛蜘蛛爬呀爬，
一爬爬到屋顶上。

手指模仿蜘蛛爬行的动作，从尾椎开始，沿宝宝的脊柱向上移动至脖颈

忽然下起大暴雨，
蜘蛛掉回地面上。

重复刚才的动作，方向改为由上至下。做这组动作时要适当加大指腹点击宝宝背部的力度，并逐渐加快速度，以示雨下得又大又急

太阳公公一出来，

乌云一下被驱散，

蜘蛛重新向上爬。

手指重新自下而上移动，但是这一次不是做直线运动，而是要边画圆圈边向上移动

结束动作：一手轻扶住宝宝的肩膀，另一只手手掌沿脊柱自上而下抚摸宝宝的脊背，意在释放能量，彻底放松。

如果宝宝喜欢这个游戏，您可以再多重复几遍。

60

披萨饼

这组按摩动作不但能让宝宝感到十分放松，而且也是与宝宝互动、嬉戏的好方法。

我们要烤一张美味的披萨饼，
烤披萨饼都需要什么呢？
我们需要：

一点面粉，

手掌轻拍宝宝的整个背部，表示摊开面粉

一点发酵粉，

在宝宝背部上方模仿撒发酵粉的动作

一点食盐，

手指捏在一起，然后张开，模仿撒盐的动作

再加一点水。

拇指在宝宝背部画“之”字形曲线

然后我们搅一搅，

两手同时在宝宝背部画圈

揉一揉，

稍稍加重力道，揉一揉后背

和成一个大面团。

两手从外向内捋，假想是在把面团推到宝宝背部中央

现在把面团擀开，

两手掌根分别向相反方向将“面皮”擀开

加上佐料，

问问宝宝想要加什么，然后根据宝宝的答案即兴创作几个动作，比如：挤番茄酱、撒橄榄、铺火腿片、点缀洋葱圈、撒奶酪、放巧克力、放香蕉……

最后把面饼放进烤箱，

大功告成！

两手同时张开，自上而下抚摸宝宝的脊背

61

小熊

这段小熊的故事是专为背部按摩而设计的。

有一天，森林里下起了大雪，整个世界都变得白茫茫一片，阳光照在雪地上，发出星星点点的光亮。

两手同时在宝宝的背部画圆圈，自边缘向中心、自下而上按摩，直至覆盖整个背部。

一只小熊钻出树洞，想要到雪地里走上一走。

两手自然握拳，先将腕部落在宝宝背上，然后慢慢张开手指，依次落下手掌和手指，表示小熊的熊掌踏过雪地。这个动作同样遵循自下而上的顺序，两手沿脊柱两侧交替上移，并且要有一定的力度。

小熊穿上了溜冰鞋，在冰封的湖面上尽情玩耍。

手掌掌侧模拟冰刀，在宝宝的背部自下而上画出一道道曲线。

它做出了各种各样的动作：旋转、跳跃……

用手掌在宝宝的背部画“8”字。

它感觉自己就像一只小蝴蝶，

两手分别从胯部出发，向对侧肩膀移动，最后握住宝宝的双肩。

在飞呀飞，

落在宝宝肩上的双手轻轻拍动。

熊爸爸和熊妈妈看见小熊玩得那么开心，也会心地笑了。他们感觉自己的宝宝突然间长大了。

两手手指在宝宝的背上画心形，所画的心形要越来越大。

小熊兴奋地扑向爸爸妈妈，

熊爸爸和熊妈妈为小熊抖落身上的雪花，

抚摸宝宝的头、胳膊和脊背，假想是在为宝宝拍去身上的积雪。

然后将小熊宝宝紧紧地抱入怀中。

最后，给宝宝一个温柔又热烈的拥抱。

62

滚皮球

借助一只皮球（表面光滑或带凸点的均可）就能进行一次简单的按摩了。

按摩中，宝宝可以不脱衣服，按照自己的意愿或坐或躺。

在宝宝的身上推着皮球来回滚动，滚动皮球的同时可以讲上一小段故事。如果宝宝年龄稍大些的话，他一定会非常乐意自己动手滚动皮球，还很有可能会要求为您按摩。如果这样，您一定要欣然接受啊。找个舒服的姿势让小小按摩师一展身手吧！

您可不要小瞧这一举动。通过为他人按摩，宝宝不但可以体验到与父母的肌肤接触，舒展自己的筋骨，而且能够从中学会如何关注他人，关心他人的感受。

63

简短按摩

随着宝宝运动能力的增强，他会变得越来越喜欢到处乱动，不断探索未知的领域，他会抗拒长时间的按摩，不愿意被大人按在一处不得动弹。至于按摩类型，他可能会更倾向于那些回环往复型的动作，并且会主动选择接受按摩的姿势：相较于躺和趴，更喜欢坐姿。

所以，您应该尽可能地变换按摩的花样，和宝宝一起发掘出更加新奇的按摩手法。

您可以：

- 摸、敲、揉、抖、拉、刮、捶、挠
- 捏、弹、摩擦、用手指做“耙子”抓挠
- 画折线、画圆圈、画螺旋线、画直线、点圆点
- 灵活调整节奏：快、慢、时断时续、流畅、轻缓
- 先选一小片区域按摩，再找一大片区域按摩，让宝宝在对比中体验差异

64

结束动作——拉伸

按摩结束时做一些简单的拉伸动作是非常必要的。拉伸时一定要注意力度，以免拉伤关节。

臂部拉伸

轻轻拉住宝宝的手腕，使其双臂交叉于胸前，左手向右肩方向拉伸，右手向左肩方向拉伸。

接下来是水平拉伸：两臂水平抬起，尽可能向远处拉伸。

腿部拉伸

轻轻拉住宝宝的脚踝，向上推动小腿，使宝宝的膝盖顺势弯曲。膝盖触及胸部后，两脚交叉，用左脚跟踢右侧臀部，用右脚跟踢左侧臀部。最后令其双脚回归原位，缓缓地将宝宝的双腿重新放平，做水平拉伸。

宝宝极有可能会在整个拉伸过程中笑得合不拢嘴。

拉伸之后，可继续借鉴活动67中的瑜伽动作进一步放松。

65

吊床摇啊摇

孩子们都喜欢被摇摆、被晃动的感觉，因为从生命伊始，胎儿就在子宫的羊水中随妈妈的行动而不断晃动。

将一块大方巾或床单铺在地上，让宝宝躺在单子上，爸爸妈妈各攥住单子的两角，将单子抬离地面。这样，宝宝就躺在了“吊床”里，因为“吊床”距离地面不算远，所以宝宝并不会感到恐惧。

轻轻摇动“吊床”，同时唱上一首温柔的歌谣，观察宝宝如何在“吊床”中慢慢放松，越来越享受这种被摇晃的感觉。如果孩子玩得烦了、腻了，请尊重孩子的意愿，及时放下“吊床”。如果只有您一个人，那么可以把单子的另一端固定在一个结实的支撑点上，比如系在树上。

66

小火车

在地板上铺一大块布，宝宝躺在或者坐在布上（姿势视宝宝的年龄和平衡能力而定）。现在，宝宝已经在小火车里做好了出发的准备，而您，就是牵引列车滑行的火车头！

抓住布的两角，缓缓拖动布和布上的宝宝，拖动过程中一定要注视宝宝，或者不停地和宝宝讲话，尤其是在宝宝年龄尚小的时候。

出发啦！

您可以即兴创作一段关于旅行的故事：“小火车正在穿越丛林，呜呜呜……林间的风儿吹在脸上又轻又柔。哦，看呀，那里有一只小兔子！……”

不同的地面，比如草坪或地毯，可以感受到不同的按摩效果。

如果宝宝并不抗拒这项活动，您还可以适当地变换一下节奏：加速、放缓、刹车、转向……

小火车的旅行应当缓缓地结束，直至完全停稳。

67

瑜伽放松

平日里，您可以和宝宝一起做几个瑜伽动作来放松身体。

穿一身舒服的衣服，光着脚丫，找一处环境优美，地面摩擦力比较大的场所来做瑜伽。做动作的时候，一定要注意体态和呼吸，您的动作做得越优美、越标准，宝宝模仿得也就越标准。放松心态，尊重宝宝的运动节奏。

蝴蝶飞

站立，两臂自然垂直于体侧，然后张开、上扬、下落。当这个动作做得轻松熟练之后，可以随手臂的上扬、下落逐步配合脚尖的踮起和踏平。

狗狗伸懒腰

趴在地上，四肢自然弯曲。双脚贴地面向后蹬腿，然后向上抬胯、抬腰，接着向前舒展双臂，放松头部和颈部，最后回到初始动作。

68

呼吸

和宝宝一起练习呼吸同样也是放松身心的好方法。

不必过度担心，您尽可以自由地做动作，宝宝会按照他自己的方式，根据他自身的能力去模仿。为了更好地带宝宝进入状态，您可以为所做的动作配上一小段故事。

太阳：“太阳升起来，照亮了世界。”盘腿或者跪坐在地上，上身挺直，吸气的同时双臂自体侧上扬，抬至头顶上方的时候，双臂交叉。之后慢慢呼气，双臂由头顶缓缓下落至体侧。“太阳落山了，躲到了西天边。”

风儿：光脚站在地上，说到“风”的时候请使用“风”的手势动作。

风儿轻轻吹，

做“风”的手势，同时缓缓吹气

风儿越来越大，

双手于头顶晃动，晃动幅度逐渐增大，吹气的节奏也随之加快

暴风雨过去了，风儿又变得轻柔起来。

逐渐放缓吹气的节奏，双手晃动幅度也渐渐减小

念字母：向外呵气的同时念出以下五个元音字母：A E I O U。要尽可能地把每个字母的读音拉长。五个字母读起来的感觉一样吗？

夏威夷摇篮曲：为“阿鲁哈”这句歌词谱上所有可能的旋律。您可以自创，也可以借鉴。哼唱的时候要柔和、缓慢，把每个音都唱清楚，中间“鲁”字的音高应当相对较低。

激发身体潜能

身为父母，应当尊重宝宝的生活规律，不强迫宝宝睡觉或醒来。引导宝宝发现自己身体的潜能，让宝宝自由发挥他的运动能力，为宝宝创建适于婴幼儿运动的空间。比如您可以准备一块爬行毯，在房间里留出一块固定的活动区域，把区域内所有易碎、危险的物品收起来，在楼梯的前三级台阶上安装防护栏或其他防护装置……另外，给宝宝穿的衣服也应当舒适、便于运动。为宝宝留下足够的练习时间和进步空间：翻身、趴、爬、坐等等。您会发现时间过得是如此之快，宝宝正按照自己的节奏一天天进步，一步步发掘出自己身体的潜能。

69

跟随歌谣活动

伸出一根小手指，

伸出一根手指

敲敲敲，哒哒哒；

用手指敲击地面或自己的身体

伸出一根小手指，

敲敲敲，哒哒哒，

下面伸出俩手指！

伸出两根手指，游戏正式开始

伸出两根小手指，

敲敲敲，哒哒哒；

伸出两根小手指，

敲敲敲，哒哒哒，

下面我们拍屁股！

伸出小手拍屁股，
拍拍拍，啪啪啪；
伸出小手拍屁股，
拍拍拍，啪啪啪；
下面我们拍脚丫！

伸出小手拍脚丫，
拍拍拍，啪啪啪；
伸出小手拍脚丫，
拍拍拍，啪啪啪；
下面我们拍……

每段念词都以接下来要拍的部位结束：手、脚、鼻子、屁股、头……

这个游戏的主要目的不是让宝宝记住身体部位的名称，而是和宝宝互动玩耍。您可以随时调整念词的速度、节奏，视宝宝的反应决定游戏的时长。

70

肚子饿的小蚂蚁

宝宝出生伊始就为他选几首韵律感比较强的歌谣作为固定曲目，边哼唱边和宝宝玩耍，这对您和宝宝之间默契感的建立十分有帮助。

下面这首《肚子饿的小蚂蚁》动作简单易学，宝宝会非常喜欢听、喜欢看的。

一只小蚂蚁，
夹住我的手，

食指戳一戳自己另一只手的手心或者宝宝的手心

哦！这个小坏蛋*，小坏蛋！
一只小蚂蚁，
夹住我的手，

重复前面的动作，用食指戳手心

**小坏蛋：两手中指自然弯曲轻敲眼眶，然后将手掌摊平放在胸前。*

哦！它的肚子在咕咕叫，咕咕叫！

用手掌抚摸肚子，表示“肚子饿”

您还可以将动作从戳手心扩大到敲脚、拍肚子、刮鼻子……随着宝宝年龄的增长，他会越来越多、越来越积极地参与到游戏中来。这首儿歌可长可短，歌曲长短视宝宝的兴趣和精力而定。

小提议：您可以在吃饭前和宝宝玩这个游戏，一则能够引起宝宝食欲，二则能够增添进食的乐趣。

71

变换地面材料

宝宝在爬行毯或者任何一块方便活动的地面上都会兴奋地做出各种动作，努力发挥自己的运动特长。

建议时常为宝宝变换一下活动场所地面的材料：有弹性的橡胶板、木地板、瑜伽垫、气垫、毛毯等等，让宝宝体验在不同材质地面上活动的感觉。如果您选择的是气垫，那么就应当守在宝宝身边以防掉落摔伤。您可以把气垫的气打足，也可以适当少打些气。宝宝在气垫上活动的时候，每做一个动作都会受到垫子的反弹，颤颤悠悠的感觉会让宝宝非常喜欢。

不同材料的地面带给宝宝的肌肤感受和视听感受都是不一样的，有些材质的地面比较滑，有的地面摩擦力比较大。宝宝可以在不同地面上制造出不同的声响，地面材料不同，运动时所发出的声音也就有高有低。

72

翻身

宝宝在学会独立翻身之前就像是一位未经雕琢的演员，需要您这位导演指导他如何去做。

- 如果您想要帮助宝宝变换姿势，请首先告知宝宝，然后用右手轻轻托住他的左脚脚踝。
- 向上轻轻推动脚踝，使宝宝的膝盖顺势弯曲，同时提胯。
- 左手沿逆时针方向推动他的腰部和臀部，直至腹部着地。在这一过程中要尊重宝宝的感受，留给宝宝足够的发挥空间，让宝宝自己尝试抬起上身并抽出压在身下的胳膊。
- 必要时，可以帮助宝宝抽出一只或两只胳膊：稍稍扶起宝宝的前胸，耐心引导宝宝如何移动双手。如果宝宝理解起来有困难，那么可以牵着宝宝的胳膊边解释边做动作。
- 向左侧翻身遵循同样的步骤。

73

由俯卧至仰卧

帮助宝宝由俯卧位回到仰卧位同样需要提前告知宝宝。

- 首先，将宝宝的胳膊捋直：右手扶住宝宝的右肩，自肩部向下抚过宝宝的肘部、手腕，顺势将宝宝的右臂捋直垫于胸下。同时用左手握住宝宝的左脚踝向上推动，令宝宝自然屈膝。
- 宝宝的膝盖弯曲后，胯部也会自然上提，此时，扶住宝宝的胯部向顺时针方向轻推，便可以帮助其由俯卧位回到仰卧位。
- 做这项运动的时候一定要保护好宝宝的关节，尽可能把动作放慢，以便宝宝有充分的时间感受每一个动作。随着练习次数的增加，宝宝的参与度会越来越高，慢慢就学会自己翻身之后再翻回仰卧位了。日常生活中其实也有很多练习翻身的机会，比如穿衣服的时候、换尿布的时候……
- 向另一侧翻身遵循同样的步骤。

74

由卧到坐

帮助宝宝摆出一个他已经掌握的姿势玩耍固然安全又省心，但是帮助尚不会独坐的宝宝从仰卧位坐起来的意义更为重大。宝宝掌握这项运动技能后，您再给宝宝穿衣服或者抱起宝宝的时候会感觉格外方便。另外，宝宝会非常乐于做这一类练习，不过练习中的他仍需要您的不断指引。

- 宝宝平躺在地上或床上，您的右手拉住宝宝的左手，您的左手轻轻按住宝宝的左胯，令宝宝的臀部始终贴合地面。
- 向顺时针方向拉动宝宝的胳膊以及上肢至侧卧位，让宝宝自己抽出压在身下的右手，并逐步用他的肩膀、上臂、肘部和手支撑起身体。之后，继续向顺时针方向牵引宝宝，直到他用手臂和右手将身体完全支撑起来，由卧位变换为坐位。
- 根据宝宝的肌肉力量调整帮助宝宝的程度：您可以

一直牵着宝宝的手腕，也可以始终扶着宝宝的肩膀和后背。宝宝学会竖头以后再做这个动作会容易许多。其实从3到4个月起，您就可以明显感觉到宝宝在各项练习中的主动参与和身体力量的增强了。即使宝宝仍然需要成人的帮助，那也隐藏不了他使出浑身力量努力去做动作的事实。

- 宝宝坐起来之后千万不要麻痹大意，一定要扶好宝宝，以防摔倒。
- 这项运动的目的不是让宝宝坐起来，而是让宝宝体会与爸爸妈妈的身体接触，在和爸爸妈妈共同完成动作的同时感受自己身体力量的变化。

别忘了，同样的动作在另一侧也要加以练习哦！

75

由坐位重新回到仰卧位

按相反的顺序做前一节介绍的练习。

其实把宝宝放倒回床上很简单，之所以建议您遵循前面介绍的步骤，是为了避免过于粗暴地将宝宝一下子按倒。因为牵引着宝宝转身、坐起，让宝宝感受父母对他的保护和帮助，顺应宝宝的身体动作，远比简单地帮宝宝摆好某一种姿势重要得多。

76

站 立

宝宝学会爬和坐之后就开始想要站起来了。学习站立最重要的就是找到支撑物。把宝宝放到茶几、矮凳或者大靠垫旁，让宝宝伸手就可以扶到。借助这些支撑物，宝宝就能依靠双手的力量撑起上半身，然后慢慢抬起膝盖，双脚着地，最后站起来。如果没有其他支撑物，您可以把双手摆在宝宝面前，让宝宝把手搭在您的手上，然后顺着宝宝的力道把他拉起来。

走路对双脚的要求更高，只有站稳之后才能走稳。初学走路的时候，宝宝可能只会站起来，然后扶着东西走上几步。千万不要着急，从站立到走路还是需要花上一段比较长的时间的。还是之前的观点，耐心等待宝宝自己练习、自己感受，要比牵着宝宝手或者扶着宝宝腋下走路的效果更好。

77

大靴子

宝宝学会站立之后就可以让宝宝踩在您的脚面上，双臂自然搂住您的膝盖和大腿，变身“大靴子”。“大靴子”穿好之后，您便可以抬起脚缓缓向前迈步，迈步期间保证宝宝的小脚不脱离您的脚面。

宝宝还可以采取“冒险站位”：背靠您的双腿，您拉住他的双手或者扶着他的腋下。

“穿靴”行进过程中可以边走边讲故事或者唱儿歌，根据故事的内容和儿歌的节奏变换行走的速度和方向。接下来的这首儿歌或许可以带给您一些灵感。

从前有个农妇，她要去赶集。
头顶顶个竹篮，篮里装着梨。
梨儿滚来又滚去，停！
三步向前，三步向左，
三步向后，三步向右。

78

杂技

带着宝宝大胆尝试一些高难度动作吧！

让宝宝在您的膝盖上：试着站起，向右侧身，向后弯腰，抬起一条腿，抬起双臂。

特色行进动作：两脚行进，四肢行进，三肢行进，背部行进，前移，后退，侧移……能够制约你们的只有想象力！

玩耍的时候别忘了为您的杂技小选手唱一首应景的儿歌：

驼背小丑上楼梯，
踩到一根小木棒，
咕咚——
叽里咕噜滚下楼。

面对面拉住宝宝的手，让宝宝尝试踩着您的身体向上爬

最后，想办法让宝宝安全地滑下来，轻轻蹾一下宝宝的小屁股

如果宝宝还小，但是已经能坐稳了，那么可以让宝宝跨坐在您的大腿或者脚面上，然后一点点往上爬，最后还是要让宝宝安全滑下来，轻轻蹾一下。

79

跳舞

许多宝宝在学会站稳之前就已经开始对跳舞产生兴趣。您只要放一小段音乐，宝宝就会和着音乐摇晃身体，踏着节奏弹踢小脚。

拉住宝宝的手和宝宝一起随音乐翩翩起舞吧！您可以不断变换节奏和舞步：跳华尔兹的时候转个圈圈，放小提琴曲的时候摆动身体，放摇滚乐的时候跳上一跳……

宝宝如果已经学会走路，那就可以跳双人圆圈舞和萨尔萨舞了。跳舞的时候要观察宝宝的意愿，舞步应该适合宝宝的平衡能力。

你们可以并排跳，也可以面对面跳。

您的宝宝肯定会模仿您跳舞的样子，同时，他也会非常乐意看到您模仿他的样子。

如果能为舞蹈再增添一些道具那就更好了：把一块纱布蒙在脸上当面纱，舞动一条丝带，穿一条大裙摆的裙子，穿一双鞋跟比较响的鞋子……

80

蔬菜大全

运动，模仿，手势动作。预备，开饭！

所有的蔬菜站起来！

双臂在胸前张开，指向面前想象中的观众

它们站在月光下，

它们一起在玩耍，嘿！

大声喊“嘿”，同时抬脚跳起

在呀么在玩耍，嘿！

大声喊“嘿”，同时抬脚跳起

小朋友们站一圈，

可以把“小朋友”改成所有在场人的名字，指着他们一一叫出他们的名字

看它们玩得多开心，嘿！

大声喊“嘿”，同时抬脚跳起

小米粒，小又小，
土豆看它跳起来，
面包伸出它的手，
樱桃抱它亲又亲！

做出相应动作，并把关键词用手势动作表达出来

81

大跳

和宝宝一起练习跳跃吧！抬起双脚，纵身向前，平稳着地。

练习跳跃首先要有跳的欲望，把跳跃当作一种游戏，当作一种乐趣。当然，还需要克服一定的心理恐惧。和宝宝一起跳跃，您的加入会让游戏时光变得更加欢乐。

日常生活中练习跳跃的机会着实不少！

跳过障碍：树枝、井盖、人行道的方砖、画在地上的图案……

从高处向下跳：人行道道崖、游泳池边、树桩、台阶、汽车踏板……

从下向上跳：站在蹦床上跳，跳起来够高处的东西（气球、屋顶、天空）……如果有需要，跳跃的时候可以拉住宝宝的手或者扶住宝宝的胳膊。

适当介入：为宝宝提供必要的安全保护，但还是要尽可能让宝宝自己去尝试、去挑战。

82

手指游戏

手指游戏可以增强宝宝的触觉敏锐度，同时也可以促进宝宝语言表达能力的发展。

游戏的时候要注意节奏，在每一小节间稍作停顿，根据歌词内容适当加快或者放慢速度，让宝宝感受到紧张和轻缓的变化。

合十、张开、碰撞、摇动、转圈、挠、钩、抓、握……同样的动作也可以试着用脚指头来完成。

两个小家伙，

竖起两根大拇指

去到森林里。

两根拇指碰一碰

捡到大苹果，

两根食指碰一碰

还有山核桃。

两根中指碰一碰

采到野蘑菇，

两个无名指碰一碰

装下甜栗子，

两根小指碰一碰

提着箩筐回到家。

十指交叉相握弯曲，组成小屋的穹顶

83

床上五兄弟

床上躺着五兄弟，

伸出一只手，动一动五根手指

老小挤呀挤，

另一只手握住小指左右摇晃，碰撞其他手指

老大被挤下床。

蜷起拇指

床上躺着四兄弟，

动一动剩下的四根手指

老小挤呀挤，

小指左右摇晃，碰撞其他手指

老二被挤下床。

蜷起食指

床上剩下三兄弟，

动一动剩下的三根手指

老小挤呀挤，

小指左右摇晃，碰撞其他手指

老三被挤下床。

中指蜷起

床上还剩两兄弟，

动一动剩下的两根手指

老小挤呀挤，

小指左右摇晃，碰撞无名指

老四又被挤下床。

蜷起无名指

床上就剩一个人，

老小心里美极了，

“哈！整张床都是我的啦！”

小指得意地左右摇晃，再前后转一圈，一个人躺在床上好不自在！

游戏扩展：用手指并拢代替手指蜷起，唱每节第二句歌词时手指一曲一张，当唱到某一根手指被挤下床的时候，该手指迅速向远离小指的方向移动，与前一节歌词中被挤下的手指汇合并拢。歌曲最后，小指一个人待在床上，歌词可以改成：“啊！终于都走了！可是好无聊呀……”

84

双手游戏

婴儿天生就有学习抓握的意识，8个月的时候就会故意扔掉手里的东西，与此同时，抓握的准确性和灵活性都在逐步增强。9个月的时候，便可以用拇指和食指捏东西了。

宝宝双手配合的能力也在不断地发展之中：两手一齐拍玩具，摆弄玩具，招手说你好，摆手说再见，拍手叫好……

儿歌和童谣的加入会使游戏变得更加欢快有趣。

双手游戏不仅可以活动身体，还可以练习宝宝双臂、双手的配合：两手做相同的动作（抬起、落下、分离、转动），两手一起完成某个动作（拍手、推磨），两手一前一后做动作……

下面为您介绍几个经典的双手游戏：

推磨

推呀推推磨，

磨儿睡着了。

缠绳盘盘好，
两手拍一拍。

盖房

我是一个泥瓦匠，
搬来砖头盖瓦房。
这里垒一块，
那里垒一块，
哈——
房子盖好啦！

五指并拢，手心朝内，表示砖头。一手小指与另一手拇指指侧相搭，两手交替上移，表示向上垒砖头。唱到最后一句的时候，两手恰好抬至面前，挡住脸颊，此时，两手迅速拿开，露出面庞和笑容。

撒玛利亚人去打水

一个	撒玛利亚	人	人
A	B	C	C

来到	池塘	边	边
A	B	C	C
手里	拎只	小	桶
A	B	C	C
要往	里面	灌	水
A	B	C	C
一不	小心	摔	倒
A	B	C	C
小桶	也被	滑	掉
A	B	C	C
桶里	水儿	没	了
A	B	C	C

这首儿歌需要两人一起完成。两人相向而坐，歌中的每句歌词已经划分出音节，边唱边按音节做动作。

A: 双手拍屁股

B: 两手对拍

C: 水平摊开手掌，两人对拍

手工和涂鸦

小孩子们都喜欢随意摆弄东西：搅拌、研磨、拍打、摩擦、摇晃、撕扯、揉捏、涂抹……通过这些“小实验”“小手工”，孩子能够记住不同物品所带来的不同感受，并以此为依据对物品进行分类。孩子对物品特征（形状、材质、重量等）和特性（可以滚动、易碎、可以发出某种声音等）的认识也会在这样的过程中积累起来。

此外，孩子在动手的同时也在学习如何调整姿势，如何控制动作，如何让动作变得更加准确。

孩子对周围世界的好奇能够激发他的观察欲和学习欲，所以当孩子选择某一物品开始操作的时候，您所要做的就是在一旁欣赏他有多么专注吧！

85

艺术家的画本

如果宝宝已经开始对笔感兴趣了，那么索性也送给他一本画本吧。

在宝宝触手可及的地方放一本大小适中的画本以及画画所需的材料：彩笔、贴纸、记号笔、蜡笔……好让宝宝在灵感迸发的时候可以马上拿到创作工具，然后尽情地挥洒涂抹。如果他把画本拿倒了，把页码搞错了，这都不是问题，唯一的准则就是——没有准则，随心所欲！

涂鸦游戏没有任何标准，画得好、画得漂亮或者画得像，都不在我们的考虑范畴。宝宝要做的就是创作、试验，画出独一无二的画作。

您可以为宝宝的某些作品写上日期、添加几句评语或者起个名字，但是千万不要把它当成硬性的任务。如果宝宝提出要求，邀请您或者他人在他的画本上画上几笔，那就满足他的这个心愿吧。不过，您会发现宝宝马上就能把这几笔涂得面目全非……

86

艺术角

如果想让您家的小小艺术家充分展露他的艺术才华，您可以在家里的客厅或者卧室为他准备一块专属“工作区”。摆一只大小适宜的柜子，将纸张、铅笔、水彩笔、画板、粉笔、儿童剪刀、橡皮泥、贴纸、毛笔、刷子、胶水、工作罩衣（您的旧T恤即可）等用品在柜子里分类放好。除此之外，小艺术家还需要一张小工作台和小椅子。

在您关爱的目光中，宝宝很快就能意识到应该如何进入工作区，如何开展工作。如果某些创作用具暂时还派不上用场，您可以帮助宝宝先收起来，同时告诉宝宝它们放在了哪里，这样当宝宝想要用的时候就不会一筹莫展了。关注宝宝能力的发展，适时地将可用的物品交付给他保管。宝宝专注于创作的时候千万不要打扰他，为他留有足够的自由空间。

87

捏泥人

几乎所有宝宝的第一件“泥塑”作品都是从摆弄他手边的食物开始：搅和盘子里的土豆泥，揉捏蒸好的胡萝卜，按压葡萄籽，把所有的东西混和在一起然后摊平、揪起……

根据材料的特性，宝宝会把它们团成球，揉成丸，搓成条再首尾相接，用工具或手指头在上面挖洞、钻孔……

可供宝宝揉捏成型的东西其实不少：一个简单的米饭团或者面团就能让他玩上好一阵子，并且这些饭团或面团揉捏的时间越长，延展性就越好。

88

做面团

- 两杯面粉
- 一勺盐
- 一杯温水

把所有材料混和在一起揉好。如果面团过黏，可以再加一点面粉，过硬的话就再加一点水。

面团捏成理想的造型后放在通风处阴干，一天之后，将晾干的作品放入烤箱烘烤一小时。注意：烤箱温度不得高于110°C，因为高于110°C面团就会膨胀变形。

您可以用锡箔纸来为作品定型，让面团的形状更加完美。如果有需要，您还可以用牙签把几件作品组合在一起。如果能在作品入烤箱之前为它上上色、涂涂漆，或者用回形针和金属环装点一下那就更好不过了！

89

烘焙雕塑

除了原味面团，您还可以准备一些杏仁味面团、甜面团、起酥面团……

根据宝宝的能力和喜好，让宝宝自己动手称面粉、加配料、揉面团、尝味道。

给宝宝一块可以任他自由发挥的面团以及必要的工具和可以食用的装饰用品：面杖、镊子、巧克力块、葡萄干、榛子、彩色糖霜……

想要让作品色泽更亮丽的话，可以在入烤箱前刷一层蛋黄。总之，不要过多地介入，让小小雕塑家自己动手试验，然后好好品尝一番自己的雕塑烘焙作品。

90

涂鸦

不论年龄大小，渴望留下自己的痕迹是人类的天性。

安全无毒，是为宝宝准备涂鸦用品的第一准则。为了不弄脏衣服和墙壁，您可以让宝宝穿上罩衣，在墙壁和地面上贴上牛皮纸或蜡纸。天气好的时候，也可以带宝宝到户外去涂鸦。

如果条件允许，您可以为宝宝准备一面涂鸦墙，在墙上固定好大开幅的画纸，以便宝宝站着或来回运动着画出复杂的绘画作品。

绘画工具多样带来的乐趣

为宝宝多准备一些工具：粉笔、蜡笔、记号笔、水彩笔、水粉、水彩、墨水，甚至用手指头直接蘸颜料都可以。因为宝宝的手小，所以选择粗一点的画笔会更方便宝宝抓握。您也可以让宝宝尝试用一些并非专门用来画画的工具作画，比如海绵、麦秆、喷壶等。

户外涂鸦

无论是柏油路、石子路还是木板路，都可以供宝宝用粉笔来涂鸦。笔呢，最好是耐用的粗粉笔。户外涂鸦作品的生命比较短暂，一阵暴雨过后就会消失。所以别忘了给它们拍张照片留念。

此外，用清水画画也是不错的主意。不过如果天气热的话，作品可能还没等画完就会被蒸发掉。

滚珠

把小球放在颜料里蘸一蘸，然后放到白纸上让它自由滚动，这样就能够得到一条条曲线。观察一下小球最常走的是哪条路线呢？

当然，滚动的物品不只是小球，像核桃、榛子之类的坚果都可以拿来使用。

棉线

您想到过一根普普通通的棉线也可以用来画画吗？取一根棉线在颜料、墨水或者清水里蘸一蘸，然后随意放到白纸上，一张绘画作品就完成了。

91

印章

一枚专属印章可以在很多地方发挥作用，比如宝宝的绘画作品、雕塑作品、面塑作品，玩耍的沙地、面团、泥土、雪地……

土豆印章

将土豆一分为二，先用小刀在土豆切面上刻出想要的图形（心形、几何图形）的大致轮廓，然后再将线条加深、加宽，让图案更明显。这样，一枚亲手设计、制作的土豆印章就完成了。

取一只碟子，里面倒上颜料，将印章在颜料中蘸一蘸，再往白纸上一摁。哈！看看印章的图案漂不漂亮！

手印和脚印

让宝宝用自己的小手和小脚来作画是不是很有创意呢？在

宝宝的小手小脚上涂好颜料，然后让宝宝在准备好的纸张或画布上尽情发挥，创作出的作品绝对独一无二！

泥饼印章

为什么不和宝宝一起制作一块泥饼印章呢？取一块泥，揉成理想的形状，用瓦楞纸为泥坯刻出花边，然后在坯面上点缀一片树叶、一片羽毛或者一撮小草，用擀面杖把点缀物擀进泥坯，将坯面碾平，最后再取出压入泥中的物品，一枚特制的泥饼印章就做好了！

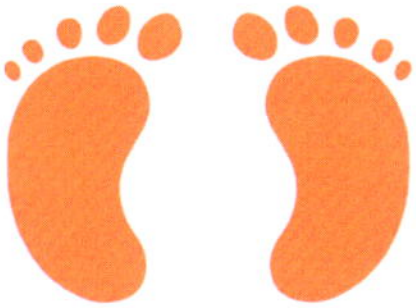

92

浴室涂鸦

洗澡之前，为何不鼓励宝宝用手指在浴室施展一番绘画才能呢？挂满蒸汽的浴缸、地板、镜子，甚至涂满肥皂泡的身体都是天然的“画板”。为宝宝准备一块大海绵、小抹布或者小刮板充当“橡皮”，让宝宝在绘画的同时也体验一下随心擦掉痕迹的乐趣。

您还可以为宝宝准备一碗剃须泡沫和一把刷子来涂鸦。没有工具、没有画笔也无所谓，因为宝宝还有手指头呢，用手指在蒙着水汽的镜子和玻璃上画画是不是更有趣呢？宝宝很有可能会一边讲故事一边把脑子里的画面画出来哟。

对于妈妈来说，浴室涂鸦是最容易打扫的。轻而易举就能让宝宝感受到在新“画板”上画画的乐趣，何乐而不为呢！

93

玩纸

每个孩子都喜欢也需要撕纸、折纸、切纸、揉纸、粘纸……

为宝宝准备一只盒子或筐子，里面装上质感不同的纸张：包装纸、牛皮纸、绢纸、打印纸、报纸、广告纸、小册子、纸盒、糖果包装、巧克力盒……宝宝一定会因为拥有这笔“财富”而倍感幸福！

借助儿童剪刀，可以在纸上剪出各种花样：弯弯曲曲的小路、大小不同的圆圈、美丽的流苏……

借助手指，同样可以把纸张撕成各种式样，只不过效果会与剪刀剪出的完全不同。

借助胶棒，可以把先前制作出的各种图形粘在一起。

教给宝宝如何使用安全无毒的胶棒，将剪出或撕出的纸片拼接在一起组成全新的图案。

您还可以和宝宝一起折纸，再试一试折出的作品能不能飞起来。

94

室内戏沙池

为宝宝准备一只高度在20–100cm的顶部带盖的塑料箱（类似于整理箱），然后往箱里填充粗面粉或碎米粒。

把宝宝放在敞开盖的箱子里或者箱外，并将工具准备齐全：大汤勺、小汤匙、漏勺、筛子、小酒壶、试管……从箱子里舀出不同体积的面粉或米粒盛入上述容器，然后敲击容器，听听它们发出的声音是否相同。

为了方便清扫和收集撒在箱外的粮食，您可以在游戏区域铺一块摩擦力比较大的硬质布料，比如地毯、呢质床单、漆布或浴帘。您还可以将“戏沙池”中的“沙子”做得更漂亮：混入一些绿豆、黑豆、玉米粒、芸豆、红豆等等。

95

穿线游戏

穿线游戏同样是一个不需要特殊道具，准备起来十分方便的游戏。这个游戏不但好玩，而且对锻炼宝宝的手指灵活性非常有帮助。

- 收集粗细不同的线：尼龙线、鞋带、细短绳、塑料编织绳、丝带、绷带……
- 在有待穿起的物品上打好孔，并摆成一排：大小珍珠、带洞的面食（蝴蝶面、海螺面、螺纹面、杏仁饼等）、贝壳、纽扣、瓶塞……宝宝一定会非常喜欢把东西全部捧过来，然后把它们一一穿起，亲手制作出一件件艺术品来装点自己的房间。

为游戏选择的道具一定要适合宝宝。通常情况下，宝宝年龄越小，线就要越粗，“串珠”也要大而易握。如果宝宝年龄比较大了，就可以在布或者硬纸板上打好孔，这样宝宝不用针便能把它们缝合在一起了。按照这一思路，我们是不是可以手工装订出一本书呢？

96

捉迷藏

捉迷藏游戏让宝宝看到东西消失后还会再出现，慢慢地便会认识到东西其实并没有真的消失，那些不在视线范围内的人或事物其实一直都存在。于是，宝宝就知道了分离只是短暂的。

和婴儿玩捉迷藏游戏的时候，您可以用手或布遮住脸，让宝宝来找。当宝宝学会走路之后，他就会要求自己藏起来然后让您来找他。此时，您可以装作什么都没有看见，到处去找他：宝宝在不在天花板上？宝宝在不在窗帘后面？宝宝在桌子底下还是在箱子里面？……寻找的过程也是培养宝宝幽默感的过程。

97

做家务

打扫卫生

当宝宝表现出想要跟您一起做家务的愿望时，那就大胆地为他分配一些任务吧！

让宝宝自己来选择他的劳动工具：海绵、扫帚、铁锹、垃圾桶、抹布、刮板、羽毛掸子、脸盆……示范给宝宝看应该如何洗、擦、冲、拧、扫、掸。

整理

准备一套适合宝宝身高的储物架和衣帽钩，如果有条件，还可以在衣橱中专门辟出一块供宝宝放衣物的区域，让宝宝学会整理自己的衣物。

洗衣

让宝宝尝试自己收拾脏衣服，把衣服放进洗衣机，取衣服，晾衣服。和宝宝一起收衣服，把衣服归类叠好。

劳动的同时可以问宝宝：“这是谁的衣服呀？”也可以发

表评论：“哦，这两只袜子竟然一模一样！”

做饭

带宝宝一起做饭的过程也是教宝宝认识食材和炊具、了解烹饪方法、学习安全知识的过程。

演示给宝宝看应该如何用小刷子洗菜。让宝宝自己尝试剥生菜，给洗好的蔬菜沥干水分，用叉子捣土豆泥，把苹果放进搅拌器。

邀请宝宝和您一起剥青豆、四季豆，把量好的调味料放进炒菜锅。为宝宝准备一把儿童菜刀，教给宝宝如何正确地切菜，并让宝宝自己试着切黄瓜和萝卜。建议宝宝帮助爸爸妈妈用剪刀剪香芹和香葱。

为了更完整地体验烹饪的乐趣，您可以给宝宝一次用手拌沙拉的机会。如果宝宝对摆盘、分发刀叉也表现出极大兴趣，那何不满足一下他做餐桌服务生的愿望呢！

98

气息练习

呼吸、说话，生命中的每时每刻都有气息的伴随。

除了无意识地呼吸，您还可以带宝宝一起进行有意识的吹气练习，比如在洗澡或游泳的时候往水里吹气，吹气的时候还可以借助一根吸管来增添乐趣。您可以先演示，再指导宝宝模仿着做。吹气也可以有长短、轻缓等节奏的变化，观察不同强度的气流在水中引发的变化，是水花四溅、波涛汹涌还是涟漪微兴？

气流可以使物品移动位置，那么何不带着宝宝一起吹吹树叶、羽毛、棉花、纸团、乒乓球或者气球呢？

您也可以和宝宝一起制作一个能吹的小玩意，比如一只纸风铃：

- 从彩纸上剪下一个圆形。
- 自圆心向圆边画一条半径并沿该半径剪开。
- 将剪开的两条边重叠，圆心处便形成一个尖顶，形

状很像清朝官员的帽子。将重叠处用胶水或者订书器固定。

- 为风铃的锥面点缀一些流苏之类的装饰物。
- 如果想要把风铃挂起来，还得为它穿一根线。在线的一端固定一颗珠子，把线穿过风铃的尖顶，让珠子正好卡在锥尖内部。用珠子固定风铃比仅仅在棉线上挽一个结要结实许多。

99

吹泡泡

浴室绝对是吹泡泡的好地方！

双手打上肥皂，揉搓出丰富的泡沫，然后轻轻将两手分开，是不是有很多泡泡飞出来呢？再为宝宝演示一遍，之后就看宝宝的了！

如果是在室外，那就用吹泡泡器来吹肥皂泡吧。一起观察泡泡是如何随风飞舞的。

宝宝也许会追着泡泡跑，把它们捧在手里或者故意把泡泡碰破。宝宝也有可能会直接用手把泡泡拍碎，用脚把它们踩碎，用头去顶，用玩具去戳。

您可以用扇子把泡泡扇向远处，一边指着泡泡一边告诉宝宝：“看，泡泡飞到爸爸头上了，飞到狗狗身上了，飞到花瓣上了，落到小草上了……”

100

泡泡水和“特大泡泡”

调配1升泡泡水需要：

- 650ml清水（最好是纯净水）
- 50g糖
- 200ml洗洁精
- 100ml 甘油（药店有售）

制作步骤：

- 将250ml清水倒入广口瓶中，然后陆续加入上述配料，边添加边摇晃均匀，但是不能起沫。
- 将剩下的清水一次性加入混合好的溶液中，敞口放置几个小时或者一夜，让洗洁精中的酒精完全挥发。

想要吹出大小适中的泡泡，就把泡泡液倒进一只平盘内，然后用漏斗、剪去瓶身的细颈矿泉水瓶或者吸管（吸管一端用剪刀斜剪出一个切口）蘸取溶液吹泡泡。

想要吹出特大泡泡，则需要用细铁丝弯成一个铁环做泡泡器，盛放溶液的盘子也需要换一只大号的。

您也可以用如下方法制作一个代替铁环的泡泡器：

- 选一根直径约6mm的长棉绳，将之一分为二，一端长50cm，另一端长1m。
- 取两根竹签，将竹签一端劈开一道豁口，用于固定挽成环的棉绳。
- 把棉绳浸入溶液，然后取出，确保棉绳间已经兜出一张水网。
- 挥动手臂吹出棉绳间的泡泡，稍稍用力，将泡泡从棉绳间甩出。

结语

请根据宝宝的能力和喜好，自由选择本书中介绍的各项活动，希望这本书可以激发出您在育儿方面的创造力。

请给予宝宝足够的游戏时间，游戏对于宝宝的成长至关重要。让宝宝去想象、去构建他心中的世界，让他按照自己的节奏去发展自己的语言和思维。

请根据宝宝不同成长阶段的特点和需求，适时调整房间环境以及与宝宝相处的方式。宝宝可能在某一方面发展得很快，而在另一方面却需要更长的练习时间，您所要做的就是跟随宝宝的步伐，让宝宝自由地成长。

作者简介

娜达莉·博耶-查尔斯：法国“跟我学手语”亲子活动坊创始人。早年在美国接触儿童手语教学，将之运用到与自己的四个孩子的交流互动中，深受裨益。其后致力于推广此项活动，面向父母和幼教工作者开展培训。她创办的“跟我学手语”网站为广大父母和孩子提供了丰富的参考和有效的帮助。

弗拉维·奥什罗：法国资深儿童心理医师，拥有丰富经验的儿童手语教学实践者，三个孩子的母亲。深信手语对儿童成长具有极大帮助，推崇在互信基础上启蒙儿童心理和智力发展的理念。她也是“跟我学手语”活动坊的组织者和幼教培训专家。

我的亲子日记

我的亲子日记

图书在版编目（C I P）数据

100 堂亲子沟通课 /（法）娜达莉•博耶 - 查尔斯，（法）弗拉维•奥什罗 著；陈晓洁 译
武汉：长江文艺出版社，2015.01
（蒙台梭利全面育儿教典）
ISBN 978-7-5354-7664-7
I. ①1… II. ①娜… ②弗… ③陈… III. ①婴幼儿－家庭教育 IV. ①G78
中国版本图书馆 CIP 数据核字（2014）第 229972 号

选题策划 | 郑迪蔚　中图传媒　　联合出品 | 金丽红　黎　波　严加丰
责任编辑 | 陈　曦　　装帧设计 | 郑迪蔚
媒体运营 | 张银铃　　责任印制 | 张志杰

出版 | 湖北长江出版集团　　电话 | 027-87679310
长江文艺出版社　　传真 | 027-87679300
地址 | 湖北省武汉市雄楚大街268号湖北出版文化城B座9-11楼
邮编 | 430070
发行 | 北京长江新世纪文化传媒有限公司
电话 | 010-58678881　　传真 | 010-58677346
地址 | 北京市朝阳区曙光西里甲6号时间国际大厦A座1905室
邮编 | 100028
印刷 | 北京市梨园彩印厂
开本 | 880毫米×1230毫米 1/32　　印张 | 6.75
版次 | 2015年 1 月第 1 版　　印次 | 2015年 1 月第 1 次印刷
字数 | 60千字
定价 | 34.80元